서울대 석학이
알려주는
자녀교육법

역사

서울대 석학이 알려주는
자녀교육법

역사

초판 1쇄 발행 2024년 2월 5일

지은이   김덕수

펴낸곳   서울대학교출판문화원
주소   08826 서울 관악구 관악로 1
도서주문 02-889-4424, 02-880-7995
홈페이지   www.snupress.com
페이스북   @snupress1947
인스타그램 @snupress
이메일   snubook@snu.ac.kr
출판등록   제15-3호

ISBN 978-89-521-3403-5 04370
     978-89-521-3396-0 (세트)

ⓒ 김덕수, 2024

이 책은 저작권법에 의해서 보호를 받는 저작물이므로
무단 전재와 복제를 금합니다.

서울대 석학이 알려주는 자녀교육법

역사

김덕수 지음

서울대학교출판문화원

발간사

　부모에게 자녀교육은 가장 큰 관심사입니다. 부모는 자녀들이 공부를 잘해서 원하는 직업을 갖고 행복하게 살길 원합니다. 문제는 대부분의 부모가 자녀교육에서는 초보자라는 것입니다. 관련 교육을 받은 적도 없고, 자녀가 많은 경우도 흔치 않기에 시행착오를 통해 배우기도 어렵습니다. 그래서 자신이 공부한 경험에 비추어 보거나, 주변 사람의 조언을 듣거나, 학원 면담을 받아 가면서 아이들을 키웁니다.

　다행히도 아이들의 교육과 성장에 대한 연구 결과가 많이 쌓여 있고, 그것을 연구하고 가르치는 교수님들이 계십니다. 이런 전문 지식을 활용하여 젊은 부모들이 자녀들을 잘 키우는 데 도움을 주고자 이 시리즈를 기획했습니다. 부모들이 높은 관심을 가진 여덟 가지 주제를 선정하고 그 분야에서 가장 전문성이 높은 서울대학교 교수님들과 함께 강의 동영상을 제작하고 책을 출간하게 되었습니다.

　이 시리즈를 출간하는 과정에서 많은 분들이 도움을 주셨습니다. 교육과 연구로 매우 바쁘신 중에도 시리즈의 기획 취지에 공감하여 작업에 동참해 주신 여덟 분의 교수님께 진심으로 감사드립니다. 부모들과 학생들의 주요 관심사항을 심층 조사해서 독자들께 도움을 줄 만한 내용으로 책을 집필하는 데 큰 도움을 준 NHN에듀의 김상철 부대표님을 비롯한 임직원들께 감사드립니다. 또한 신속한 출간을 위해 열정을 쏟아 주신 출판문화원 곽진희 실장님과 선생님들께도 깊이 감사드립니다.

    이 시리즈에 참여해 주신 이경화 교수님께서 '부모는 자녀들의 감독이 아닌 팬이 되라'고 하신 말씀을 기억합니다. 이번 시리즈가 부모님들이 아이들의 팬이 되어 친밀한 관계를 유지하는 동시에 아이들을 훌륭한 인물로 키우는 데 큰 도움을 줄 것이라 믿습니다.

서울대학교출판문화원 대표이사/원장

이경묵

머리말

"영국만 아는 사람은 영국을 모른다(Those who only know England know not England)." 러디어드 키플링Rudyard Kipling이 한 말이다. 역사는 인류가 걸어온 발자취고 현재는 역사의 결과다. 오늘의 우리는 갑자기 생겨나지 않았다. 어제 일을 모른다면 오늘을 이해할 수 없고, 오늘을 이해하지 못하면 아직 일어나지 않은 내일을 제대로 전망할 수 없다. 그래서 로마 시대 철학자이자 정치가 키케로Cicero는 역사에 대해 "시대의 증인이요 인생의 교사다."라고 말했다. 역사는 오늘을 살아가는 안내자이자 미래로 나아가는 나침판이라는 것이다. 따라서 역사교육의 중요성은 아무리 강조해도 지나침이 없다. 21세기 세계화 시대를 사는 우리에게는 더욱 그렇다.

19세기 말 서양 문명이 동아시아로 도도하게 밀려올 때 '서세동점'이라는 말이 유행했다. 한편에서는 일본이나 러시아 등 외세의 힘을 빌려 개화를 주장했고, 다른 한편에서는 전국 곳곳에 척화비를 세웠다. 외세를 거부하던 이들은 서양 세력을 '양이', 즉 서양 오랑캐라 부르며 그들을 물리쳐야 화친을 맺는 것은 나라를 팔아 먹는 것이

라고 분기탱천했다. 타협안으로 '동도서기'를 주장하며 "동양의 도를 지키고 서양의 기예는 받아들이자."라는 사람도 있었다. 그러나 우왕좌왕하다가 우리는 서양 문물에 눈을 떠 일찍이 부국강병에 성공한 일본에 35년간 강점당하는 치욕을 경험했다. 이후 해방의 기쁨도 잠시, 우리는 남북 분단과 6·25전쟁으로 동족상잔의 비극을 겪어야 했다. 정치·경제적 혼란과 위기가 계속되었다. 하지만 우리는 1960년대 이후 반세기를 지나지 않아 산업화와 민주화라는 중요한 업적을 이루어 냈다. 그리고 이제 우리는 사실상 동양과 서양의 구분이 사라지고 지구촌이라는 말이 명실상부한 세계화 시대에 살고 있다.

그러나 우리의 역사교육은 아쉽게도 후퇴하고 말았다. 과거에는 역사교육의 중요성을 강조할 필요도 없이, '세계화 시대'라는 말이 유행하기도 전에 고등학교에서 국사와 세계사를 필수 과목으로 이수했다. 그런데 1990년대 이후 세계사 교육은 홀대를 받고 있다. 언제부턴가 고등학교에서는 역사를 한국사로 좁혀 생각하는 경향이 생겼다. 그래서 고등학교에서 한국사는 교육과정에서도, 대학수학능력시험 과목에서도 모든 학생이 배워야 할 필수 과목으로 간주됐지만, 세계사는 9개의 사회 교과 중 하나에 해당하는 선택 과목으로 구별해 놓았다. 대학 입시를 준비하는 고등학생들에게 세계사는 기피 과목이 된 지 오래다.

오늘날 학생들은 세계가 어떤 과정을 거쳐 여기까지 왔는지 제대로 배우지 않은 채 세계를 무대로 경쟁해야 하는 상황에 처해 있다. 역사교육의 정상화가 어느 때보다 시급한데, 그 핵심은 학생들이 한국사와 세계사를 잘 배워 세계화 시대를 선도할 수 있게 해 주는 것이다.

다행히 2028년 대입 제도 개편안(2023. 10. 10. 교육부 발표)에 따라 2028 수능시험부터는 사회·과학탐구의 선택 과목제가 폐지될 예정이다. 그동안 중요성은 인정받으면서도 입시에서 불리하다는 이유로 기피 과목이 되어 낮은 선택률을 고민하던 세계사 교육의 '르네상스'가 기대된다. 더 나아가 이 책이 학부모와 학생 모두에게 역사교육의 중요성을 다시 일깨우고 미래를 향해 힘차게 나아가게 하는 계기가 되기를 바라는 마음이 간절하다.

2023년 12월

김덕수

차례

발간사   4
머리말   6

1장 역사교육이란 무엇인가?

역사의 개념   13
역사교육의 현황   19
한국사 교육의 정치화   21
세계사 교육의 부재   24

2장 역사학습의 효과

역사학습과 자아 정체성 형성   28
일상생활에 도움을 주는 역사   32

3장 교육과정 속 역사교육

역사 공교육의 중요성   42
초등학교 역사 교육과정   44
중학교 역사 교육과정   48
고등학교 역사 교육과정   52
2022 개정 교육과정   55

4장 역사 전공과 직업 선택

내학에서 역사를 공부한다는 것   59
역사 전공자의 진로   62

5장 단계별 역사교육

역사교육의 단계   66
초등학교의 인물사 학습   67
중학교의 정치사 학습   69
고등학교의 문화사 학습   70
단계별 심화학습 방법   71

6장 한국사와 세계사, 통합교육이 필요하다

역사교육 체제의 문제   79
통합교육의 필요성   83
한국사와 세계사, 어느 것을 먼저 공부해야 할까?   88

7장 역사를 재미있게 공부하는 법

인물사로 배우는 역사   93
가족사와 생활사로 배우는 역사   96
향토사로 배우는 역사   99
주제사로 배우는 역사   104

8장 역사를 포기한 학생들에게

'역포자'란 어떤 학생인가   108
'역포자'와 '역덕후'   110
역사는 암기 과목이 아니다   112
역사를 잘하기 위한 몇 가지 방법   115

9장 학교 밖 역사학습

역사학습에도 사교육이 필요할까? 121
역사 체험 프로그램 125
책과 영화로 공부하는 역사 129

10장 한국사 능력 검정시험, 이렇게 준비하자

한국사 능력 검정시험이란 134
한국사 능력 검정시험의 출제 유형 137
한국사 능력 검정시험 활용하기 140
시험 문제를 풀어 보자 142

11장 디지털 시대의 역사교육

변화된 환경과 역사교육 147
역사 콘텐츠와 역사교육 151

12장 역사, 이렇게 교육하자

역사 교사들에게 160
학부모들에게 172

역사, 무엇이든 물어보세요 175
참고문헌 190

1장 역사교육이란 무엇인가?

이 책은 역사교육의 의미와 중요성, 대학의 역사 관련 학과와 진로, 역사공부 방법 등 역사교육과 관련된 여러 가지 궁금증을 해소하는 데 도움이 되도록 구성했다. 1장에서는 역사의 개념, 역사교육의 현황과 문제점에 대해 알아보겠다.

역사의 개념

역사교육은 독립된 하나의 학문이나 지식체계가 아니라 국어, 영어, 수학처럼 교과교육의 한 분야다. 역사 자체를 가르치는 교육이 아니라 교육 목표에 명시된 대로 역사를 소재로 가르치는 교육이다. 따라서 역사학과 교육학 두 분야에 대한 균형 있는 이해가 필요하다.

    효과적인 역사교육을 위해서는 역사학의 본질을 이해하고 교육학의 연구 성과를 활용할 필요가 있다. 역사에는 지금까지 인류 사회의 변천과 흥망 과정, 인간 행위로 일어난 과거 사실, 인간의 과거 삶에 대한 기록, 사료 또는 역사 서술이나 이것을 연구하는 학문 등 매우 포괄적이고 광범위한 의미가 담겨 있다.

오늘날 우리가 일반적으로 사용하며 학교에서 가르치고 배우는 역사歷史는 영어 history의 번역어다. history는 라틴어 historia에서, historia는 그리스어 ἱστορία(히스토리아)에서 유래했다. ἱστορία는 본래 자연 세계의 질서나 만물의 근원, 원인을 '조사·탐구하는 행위' 또는 '이를 통해 얻은 지식'을 뜻했다. '히스토리아'는 어떤 면에서 자연과학적인 개념의 단어였다.

그런데 기원전 5세기 초에 고대 그리스 역사가 헤로도토스Herodotos가 인간 세계에서 일어난 일, 특히 당시 그리스-페르시아 전쟁이 일어난 원인을 자세히 조사·탐구한 결과를 책으로 펴내면서 히스토리아에 대한 개념을 정립했다. 그는 자연 세계에 대한 탐구가 아니라 인간 세계에서 일어난 과거 사건을 연구하고 기록한 내용을 '히스토리아'라고 불렀다. 이처럼 헤로도토스가 히스토리아를 우리가 사용하는 '역사'라는 개념으로 처음 사용한 뒤 투키디데스Thucydides, 폴리비오스Polybios, 타키투스Tacitus 등 그리스와 로마의 역사가들도 인간의 과거, 지나간 일, 전쟁과 평화 시에 일어난 일을 기록하고 정리한 책을 '히스토리아'라고 명명했다. 이로써 히스토리아는 자연과학에 대한 탐구가 아니라 인간의 과거에 대한 탐구 또는 그것을 탐구하는 학문을 칭하게 되었다. 역사 또는 역사학은 바로 이런 헤로도토스의 연구를 시작으로 해서 하나의 학문으로 발전했다. 그래서 로마 시대 정치가이자 학자였던 키케로는 헤로도토스를 '역사의 아버지 pater historiae'라고 불렀다.

한편, 히스토리 외에도 역사(학)를 지칭하는 단어로 독일어 'Geschichte'가 있다. Geschichte는 '어떤 일이 일어나다'라는 뜻의 동사 'geschehen'의 명사형으로, '과거에 일어난 일 자체' 또는 '과거에 일어난 일을 기록한 것'이라는 의미가 담겨 있다. 이것이 학문으로서 역사학을 뜻하는 용어로 사용된 것이다. 19세기 독일의 역사가 레오폴트 폰 랑케 Leopold von Ranke는 "역사가의 사명은 그것이 본래 어떠했는지 밝히는 것이다."라는 유명한 말을 남겼다. 그는 인류 각 시대에 일어난 사건의 개별성을 강조하면서, 역사학은 과거를 재판하고 미래의 유용성을 위해 동시대인을 교육하는 직무를 가지지 않으며 '그것이 본래 어떠했는지' 말해야 한다고 보았다. 그래서 역사가의 사명은 과거를 평가하고 판단하고 비판하기보다 과거에 일이 어떻게 일어났는지, 과거가 어떠했는지 밝히는 것이라고 했다. 따라서 역사를 담고 있는 자료(사료)를 철저히 고증하고 사실 여부를 확정하는 것, 즉 비판적 역사 방법론을 강조하면서 역사가는 오직 사실만을 말해야 한다고 주장했다. 그는 베를린 대학에서 역사학을 하나의 독립된 전공 과목으로 만드는 데 기여했다.

사실 그때까지만 해도 역사학은 대개 문학의 일부 또는 철학의 일부로 여겨졌고 하나의 독립된 학문이 아니었다. 그런데 랑케로 말미암아 역사학이 대학에서 하나의 독립된 학문으로 발전할 수 있었다. 그래서 랑케를 '근대 역사학의 아버지'라고 한다. 당대의 또 다른 인물 게오르그 빌헬름 프리드리히 헤겔Georg Wilhelm Friedrich Hegel은 역사의 흐름과 보편성을 강조했으나, 랑케는 시대별 고유성과 역사의 객관성을 강조했다.

랑케는 역사가의 1차 업무는 과거를 정확히 밝히는 것이라고 강조했다. 그러나 20세기 들어 그런 것들을 비판하면서 역사와 역사가의 관계에 대해 서로 다른 해석들이 나왔다. 이탈리아의 베네데토 크로체Benedetto Croce나 영국의 로빈 조지 콜링우드Robin George Collingwood 같은 역사가들은 "모든 역사는 사상의 역사"이고 역사가의 정신과 해석에 의해 온전한 의미가 드러난다고 보았다. 과거의 일도 역사가가 어떻게 해석하는가에 따라 의미가 달라진다면서 "모든 역사는 현재의 역사", 다시 말해 2,000여 년 전의 일이라도 오늘날 역사가에 의해 연구되면 그것은 현재 역사로서의 의미가 강조된다고 보았다.

그다음에 영국의 역사가로서 한때 우리에게 많은 영향을 준 에드워드 핼릿 카Edward Hallet Carr는 『역사란 무엇인가』라는 책에서 랑케식의 과거주의와 콜링우드식의 현재주의를 비판하고 새로운 관점을 제시했다. "역사란 역사가와 사실 사이의 부단한 상호작용 과정이며 현재와 과거 사이의 끊임없는 대화"라는 것이다. 이 책은 1970년대 이후 우리나라 대학 신입생들에게 필독서가 되었고, "역사는 현재와 과거 사이의 끊임없는 대화"라는 말은 인구에 회자되는 명언이

되었다.

그러나 역사와 과거 사이에는 시차가 존재할 수밖에 없고, 과거의 사실은 현재 역사가의 가치관에 따라 해석되므로 이 말조차 결국 현재주의 관점이 작용할 수밖에 없다. '대화'를 하지만 과거의 자료가 말을 한 것은 아니고, 지금 연구하는 역사가가 과거에 대해 질문하다 보니 결국 현재 관점이 들어갈 수밖에 없는 것이다. 이런 카의 역사 해석의 한계를 넘어 독일의 역사 철학자 한스게오르크 가다머Hans-Georg Gadamer는 과거와 현재 사이에 시간의 틈이 있음을 이해하고 과거사를 담고 있는 텍스트 자료에 대한 해석도 고정불변하지 않으며 시대에 따라 다르게 해석된다고 보았다. 따라서 역사에 대한 고정된 해석을 반대하고 늘 열린 마음으로 역사를 봐야 한다고 주장했다.

역사관이라는 개념에 대해서도 생각해 봐야 한다. 역사관이란 역사를 보는 관점을 말하는데, 크게 순환 사관과 직선 사관으로 나뉜다. 순환 사관은 역사가 어떤 주기로 반복된다는 관점이고, 직선 사관은 역사란 한 번 일어난 일이 반복되지 않고 일직선으로 진행된다고 보는 관점이다. 순환 사관을 믿는 사람들은 역사가 자연의 순환처럼 반복되거나, 왕조 단위 또는 국가나 문명 단위로 순환한다고 생각한다. 전통적으로 동양의 왕조 사관이나 20세기에 『역사의 연구』를 쓴 아널드 조지프 토인비Arnold Joseph Toynbee, 『서구의 몰락』을 쓴 오스발트 슈펭글러Oswald Spengler의 역사관이 이에 해당한다.

반면에 직선 사관을 믿는 사람들은 역사가 순환이나 반복이 아니라 일정하게 인지선으로 진행된다고 생각한다. 직선 사관은 로마 제정 후기 시대인 4세기 후반부터 5세기 전반에 살았던 기독교 교부(고위 성직자) 성 아우구스티누스Augustinus가 처음으로 제시했다. 그는 인간의 역사가 신의 만물 창조, 인간의 타락, 인간의 구속, 인간에 대한 최후 심판과 같이 시작부터 끝까지 신의 뜻에 따라 진행된다고 보았다. 이후 계몽주의자였던 마르키 드 콩도르세Marquis de Condorcet는 "인간 사회가 야만 사회에서 문명사회로 무한히 진보하는 것이 역사다."라고 말했다. 그리고 헤겔은 "세계사, 역사란 자유 의식의 진보 과정이다."라는 관념 사관을 주장했다. 헤겔에 따르면 고대 중국, 인도, 페르시아 등 동양 사회와 메소포타미아와 이집트 등 오리엔트 문명에서는 한 사람만 자유로웠다. 그런데 그리스와 로마 시대에는 소수의 시민 신분만 자유로웠다. 그러다가 중세 시대 이후 서유럽, 기독교, 게르만 사회가 도래하면서 비로소 모두가 자유로운 사회를 완성하게 되었다는 것이다. 물리적인 면이 아니라 정신적으로 자유로운 사회를 의미했다. 세계사는 이처럼 자유 의식이 진보해, 19세기가 되면 '자유의 완성'에 도달한다고 생각한 것이다.

그러나 이런 관념 사관을 비판하면서 카를 마르크스Karl Marx의 유물 사관이 등장했다. 마르크스는 인류 역사가 원시 공산 사회에서 계급 사회로 이행했고, 생산력의 발전에 따라 계급 투쟁이 일어나 고대 노예제 사회에서 중세 봉건 사회, 근대 자본주의 사회를 거쳐 공산주의 사회로 발전해 갈 것으로 전망했다. 이처럼 직선 사관은 대체로 역사를 처음 시작된 이래 계속 발전 또는 진보한다는 관점으로 바라보았다.

역사교육의 현황

역사교육은 다른 모든 교과 교육이 그렇듯 교육과정에 근거해서 진행된다. 역사교육의 목표를 어떻게 설정할 것인가도 이미 교육과정에 나와 있다. 역사과 교육과정에 따르면 역사는 인류가 살아온 과거의 다양한 모습을 폭넓게 이해함으로써 현재를 성찰하고 미래를 조망하는 능력을 기르는 과목이다.

내용에 따라 한국사와 세계사로 나뉘는데, 우리나라 공교육으로서 역사교육의 목표로는 크게 네 가지를 들 수 있다. 첫째, 한국과 세계의 변천 및 형성 과정을 체계적·종합적으로 이해한다. 둘째, 자료에 대한 분석 및 해석 과정을 통해 역사적 탐구력과 판단력을 기른다. 셋째, 다양한 정체성과 가치를 존중하는 포용적 태도를 육성한다. 넷째, 문화적 주체로서 공동체에 참여하는 시민성을 함양한다.

실제로 역사교육이 어떻게 진행되고 있는지 살펴보자. 초등학교(5, 6학년 대상)에서는 사회과 안에서 인물사 중심의 한국사를 교육하고 중학생이 되면 2학년과 3학년에서 역사를 가르친다. 그런데 중학교 2학년 학생이 배우는 역사 1은 세계사로 되어 있고 중학교 3학년 학생이 배우는 역사 2는 한국사로 되어 있다. 그다음 고등학교에서는 1학년 때 공통 과목으로 한국사를 배우고 2학년 때부터 세계사 또는 동아시아사가 선택 과목으로 편성되어 있다. 이것이 현재 공교육 현장의 역사교육이다.

　우리나라 공교육이 대학 입시라는 현안에 발목이 잡혀 있다는 것을 부정할 사람은 거의 없다. 특히 학부모는 초·중등 교육과정을 대학 입시의 전 단계로, 즉 명문대를 가기 위한 일종의 과정으로 생각하는 경향이 강하다. 그러다 보니 대학 입시에서 주요 과목으로 불리는 국어·영어·수학에만 관심이 쏠리고 다른 선택 과목에는 관심이 많지 않은 것이 현실이다. 한국사는 고등학교 1학년 공통 과목이기 때문에 좋든 싫든 누구나 배워야 한다. 그에 반해 세계사와 동아시아사는 사회탐구 과목 중 선택 과목인데 내용도 많고 어렵게 느껴져 선택하는 사람이 많지 않은 '비인기' 교과다. 결국 세계사와 동아시아사는 기피 교과, 심지어 포기하는 교과로 알려져 있다. 하지만 필자는 오랫동안 중등 역사교육에 관심을 가져 온 교수로서 사명감을 갖고 세계사와 동아시아사를 왜 '절대 포기하거나, 기피해서는 안 되는지'를 말하고자 한다.

한국사 교육의 정치화

학교 역사교육의 문제는 크게 두 가지로 정리할 수 있다. 첫 번째 문제는 한국사 교육의 정치화다. 우리나라에서 역사교육이라고 하면 대체로 한국사만 생각하는 경향이 있다. 그러나 역사교육은 한국사 교육과 동의어가 아니다. 역사교육은 한국사와 세계사, 자국사와 외국사를 통합적으로 교육해야 한다. 세계화 시대에 살면서 한국사만 배워서는 안 된다. 역사교육의 목표가 한국사만 배우는 것이 아닌데도 실상은 그렇게 되고 말았다. 역사교육은 한국사 교육이 아니다. 한국사 교육은 역사교육의 한 부분일 뿐이다.

한국사 교육을 살펴보면, 한국은 고대부터 오늘날까지 반만년의 유구한 역사를 지니는데, 고등학생에게 한국 근현대사, 특히 19세기 말부터 21세기까지 약 150년의 근현대사를 집중적으로 가르치고 있다. 그러다 보니 근현대사를 둘러싼 논란, 즉 보수와 진보 간의 진영 논리에 따른 역사교육의 정치화로 말미암아 학생에게 부담을 주는 과목이 되고 말았다.

우리나라는 대통령직이 5년 임기로 되어 있는데, 보수와 진보 진영이 번갈아 정권을 잡는 경향이 있었다. 바로 이 과정에서 한국 근현대사를 둘러싼 논쟁이 시작되었다. 특히 한국 근현대사 과목이 신설되면서, 즉 7차 교육과정에서 한국사와 함께 한국 근현대사가 선택 과목으로 추가되면서 한국사 교육의 정치화 논란이 시작되었다.

사실 우리나라는 19세기 이후부터 서세동점의 격변기를 경험하면서 제국주의 열강의 각축에 희생되었고, 20세기에는 일제강점의 아픔을 겪었으며, 3·1운동을 비롯한 다양한 형태의 저항운동이 전개되었다. 1945년에 해방을 맞았지만 기쁨도 잠시, 미군정과 분단, 6·25전쟁을 겪었고 4·19와 5·16, 경제발전과 산업화, 10·26과 5·18민주화운동 같은 일련의 큰 사건들이 계속 일어나면서 한국 근현대사의 해석을 둘러싼 쟁점이 형성되었다. 결국 정치적 성향에 따라 우파와 좌파, 보수와 진보 사이에 정치적 대립이 발생할 수밖에 없었고, 한국 근현대사를 어떻게 쓰는가에 따라 교과서의 성향 논란이 생겼다. 한국 근현대사 교과서의 좌편향 논란은 금성출판사의 교과서로부터 시작되었다.

7차 교육과정에서 한국 근현대사 과목이 신설되었다. 김대중 정부 말기인 2002년에 교과서 6종이 검정을 통과했다. 그런데 당시 야당이 이들 한국 근현대사 교과서가 대한민국 정부를 부정적으로 기술하고 북한 정권에 호의적이라면서 소위 좌편향되었다고 비판했다. 특히 금성출판사에서 발행한 한국 근현대사 교과서가 이러한 논란의 중심에 놓였다. 정치적 논란이 심화되다 보니 2009 개정 교육과정이 도입된 2011년 이후 한국 근현대사 과목이 국사와 통합되어 과목명이 한국사로 재편되는 상황에 직면했다.

또한 교과서 발행도 국정 체제에서 검인정 체제로 바뀌었다. 2010년 이명박 정부하에서 한국사 검정 교과서가 처음 나왔는데, 이 교과서도 이전의 한국 근현대사 교과서와 별 차이 없이 좌편향되었다는 비판이 계속되었다. 이어서 박근혜 정부가 들어선 뒤 한국사 검정 교과서의 부실이 지적되었고, 정부는 고교 한국사 검정 교과서의 오류 원인은 현행 검정 제도에 있다면서 2014년부터 역사, 특히 한국사를 국정으로 바꿔야 한다는 정책 방향을 내세웠다.

그러나 2015년 10월 교육부는 중·고등학교의 한국사 교과서를 국정화하겠다는 방침을 발표하자마자 거센 저항에 직면했다. 한국사 교과서의 국정화를 지지한 국민도 있지만, 대체로 역사학자, 역사 교사뿐 아니라 많은 국민이 이에 반대했다. 논란이 계속되자 교육부는 결국 국정화 방침을 폐기하고, 2017년에 중·고등학교 역사 교과서 발행 체제를 다시 검정으로 전환했다. 이에 따라 새로 발표된 2022 교육과정에서는 한국사 교과서가 국정에서 검정으로 바뀌었다. 하지만 여기에도 문제가 있다. 한국사 교육의 정치화 불씨가 여전히 남아 있기 때문이다.

2022 교육과정은 2025학년도에 고교 학점제와 함께 고등학교 한국사 1, 2로 나누어 고등학교 1학년에 적용된다. 한국사 1은 근대 이전 한국사의 이해, 근대 이전 한국사의 탐구, 근대 국가 수립의 노력 등 총 3단원으로 되어 있다. 그리고 한국사 2는 일제 식민 통치와 민족 운동, 대한민국의 발전, 오늘날의 대한민국 등 총 3단원으로 구성되어 있다. 이처럼 고등학교 한국사가 6단원으로 구성되어 있는데, 전근대사가 한국사 1에서 두 단원으로 구성되어 대략 33%를 차

지하고 근현대사는 네 단원으로 대략 67%나 된다. 결국 고등학교 한국사는 어김없이 근현대사 내용이 강화되는 경향을 보이고 있어 시간이 지나면 또다시 한국 근현대사 교육을 둘러싼 논란이 일어나지 않을까 걱정스럽다.

세계사 교육의 부재

역사교육의 두 번째 문제는 세계사 교육의 부재다. 앞에서 언급했듯이 세계사는 선택 과목이어서 학생들의 선택률이 매우 낮다. 사실 그동안 교육과정을 보면 5차 교육과정에서는 국사, 국민윤리, 한국 지리, 정치, 경제, 세계사가 모두 필수 과목이었고 대학수학능력시험에서도 수험생들이 반드시 세계사 시험을 치러야 했다. 그런데 6차 교육과정에 따라 국사, 윤리, 공통사회 상·하만 필수 과목으로 정해지고, 나머지 정치, 경제, 사회문화, 세계사, 세계 지리는 선택 과목으로 정해 한 과목만 선택하게 했다. 그리고 이과생들은 문과 필수 과목만 이수하고 사회탐구 선택 과목은 아예 시험을 보지 않으며 과학 과목만 선택하게 했다. 이때부터 문과생들은 과학 과목을 선택하지 않고 이과생들은 사회 과목에 포함되는 정치, 경제, 사회문화, 세계사를 선택하지 않아도 수능시험을 볼 수 있었다. 문과생들도 4과목 중 하나만 선택하게 되어 세계사 선택률이 현저하게 낮을 수밖에 없었다.

많은 학생이 쉽다고 여기는 사회문화 과목을 선택했다. 7차 교육과정에서는 국사, 세계사, 근현대사마저 모두 선택 과목으로 넣어 아예 선택 과목 11개 중에서 4과목만 선택하게 했다.

그 결과 선택 과목이 너무 많다는 아우성이 일자, 2007 개정 교육과정에서는 11과목 중에서 3과목만 선택하게 했다. 그래서 역사 3과목 중 세계사 선택률이 더 낮아질 수밖에 없었다. 그다음 2009 개정 교육과정에서는 10과목 중에서 최대 2과목을 응시할 수 있게 했다. 그러면서 국사와 한국 근현대사가 한국사로 통합되고 동아시아사 과목이 생겨 한국사, 동아시아사, 세계사가 10개의 선택 과목에 들어갔다. 2011 교육과정에서 한국사가 필수 과목이 되고 9개 선택 과목 중 2개를 선택하게 결정한 이후 현재에 이르고 있다. 사회탐구 과목 선호도를 보면 생활과 윤리, 사회문화가 압도적으로 높고 동아시아사, 세계사, 경제 순으로 낮다.

왜 이런 일이 벌어지는 것일까? 학생 입장에서 다루는 범위가 넓은 세계사가 조금 어려울 수 있다. 동아시아사도 마찬가지다. 학생들은 시간을 많이 들이지만 성적이 잘 안 나오는 과목은 더 기피할 수밖에 없다. 게다가 세계사와 동아시아사는 수능시험 응시자가 적어 좋은 성적을 얻기 위해 상대적으로 많은 시간을 들여야 하기 때문에 학생들이 더더욱 응시를 기피하는 경향이 생겼다. 2014년부터 2019학년도, 그리고 2023학년도 수능시험 사회탐구 과목 응시 현황을 살펴보자. 2019학년도에 세계사는 1만 8,000명, 동아시아사는 2만

5,000명, 한국사는 문과·이과 공통 필수 과목이어서 53만 명이 응시했다. 그리고 2023학년도에 세계사는 1만 6,000명, 동아시아사는 2만 명이 선택했다.

물론 이 통계에 포함되지 않은, 수업에서는 세계사를 배웠지만 수능시험에서 세계사를 선택하지 않은 학생도 있다. 하지만 결국 세계사를 배우는 학생이 소수라는 것은 심각한 문제다. 학생들이 세계사를 배우지 않아도 대학에 갈 수 있는데, 과연 무엇이 문제가 될까?

인문학이든 사회과학이든 자연과학이든 대학에서 배우는 학문 대부분이 서양학, 즉 서양에서 들어온 문화다. 역사 중에서 특히 세계사는 인류 사회가 어떻게 발전해 왔는지, 문명사가 어떻게 흘러왔는지, 오늘날 세계는 왜 이렇게 되었는지, 그래서 앞으로 어떤 사회가 올 것인지 이해하고 전망하는 데 중요한 교과다. 더 나아가 철학이나 사회학 등을 공부할 때도 그런 학문이 어떤 역사적 배경을 지니는지 이해하려면 세계사 지식이 바탕에 깔려 있어야 한다.

고등학생들이 세계사 과목을 기피하고 배우지 않는 것은 결국 개인의 인문 교양 부재, 더 나아가 전공 교육 기반이 취약해지는 문제로 이어질 수 있다. 그래서 대학 내 다른 전공(공대, 자연대, 인문대) 교수들도 요즘 많은 학생이 철학이나 문학 이야기를 할 때 세계사에 대한 배경 지식이 전혀 없어 아쉽다고 토로한다. 대학교 학과목에서 세계사의 기본 지식을 다시 가르쳐야 하는 상황이다.

요즘에는 사람들이 외국으로 유학을 가거나 사회에 나간 뒤 전 세계를 상대로 비즈니스도 하고, 문화 교류도 많이 한다. 이런 세계화 시대에 세계사에 대한 기본 이해가 없으면 상대방에 대한 깊은 이해가 어렵고, 결국 세계에서 경쟁력을 갖추기 어렵다. 그러므로 역사교육에서 한국사만 강조하는 태도를 경계하고, 세계사에 좀 더 관심을 가지며, 한국사와 세계사를 균형 있게 배워야 한다.

역사교육의 정상화를 위해 가장 중요한 것은 한국사 교육, 특히 고등학교에서 근현대사에 편향되어 있는 현상을 바로잡는 노력이다. 그런 다음 세계사와 한국사를 함께 교육하는 것이 온전한 역사교육임을 이해해야 한다. 또한 고등학교 역사교육 문제에 대해 의견을 나눌 기회가 많았으면 좋겠다. 학생들의 개인적 미래는 물론 국가의 장래를 위해서도 '한국사의 전근대사와 근현대사, 한국사와 세계사가 균형 잡힌 역사교육이 대단히 중요하다'는 점을 다시 한번 강조하고 싶다.

2장 역사학습의 효과

2장에서는 역사를 배우면 좋은 점에 대해 알아보려 한다. 특히 역사학습이 단순히 역사 교과의 성적 향상뿐 아니라 자아 정체성 형성과 일상생활에 어떤 도움을 주는지 알아보겠다.

역사학습과 자아 정체성 형성

역사학습을 하면 어떤 좋은 점이 있을까? 한국사든 세계사든 역사를 배우다 보면 많은 사건과 인물을 접하게 되는데, 그것들이 자아 정체성 형성에 많은 교훈을 준다. 그리고 그 일이 왜 일어났는지 탐구하는 과정에서 역사적 사고가 길러진다.

그렇다면 역사학습을 하면서 접하는 사건과 사람들이 자아 정체성 형성에 어떤 도움을 주는지 구체적으로 알아보자.

첫째, 인간의 과거사를 다루는 역사학습은 인간과 자신의 소중함에 대해 가르쳐 준다. 흔히 "모든 인간은 존엄하고 소중하다."라고 말한다. 그런데 역사학습은 바로 인간이 왜 존엄하고 소중한지 깨닫는 데 매우 유용하다. 인간은 신체적으로 약하지만 맹수나 거친 자연환경을 극복하며 인간 사회를 발전시키고 문명을 건설해 오늘에 이르렀다. 이러한 인간의 역사를 배우면서 인간이 어떤 잠재력을 지니고 어떤 가능성을 가졌는지, 또 인간의 능력이 어떤 결과를 빚어냈는지 알게 된다. 그 과정에서 인간의 소중함은 물론 자기 자신의 소중함도 깨닫게 된다.

둘째, 역사학습은 자신이 속한 국가의 과거를 통해 건전하고 건강한 자아 정체성을 가지게 해준다. 우리는 현재 대한민국의 국민으로 살아가기 때문에 대한민국이 어떤 과정을 거쳐 형성되었는지 아는 것은 아주 중요하다. 우리 민족은 '반만년의 유구한 역사' 속에서 많은 고난을 헤치고 살아왔다. 역사를 공부하다 보면 많은 외침과 내분의 어려움 속에서 어떻게 오늘날 세계 10위권 나라로 성장했는지 알 수 있다.

우리 역사를 돌이켜 보면 고난에 맞선 순간이 많았다. 역사학습을 통해 어려움을 잘 극복한 우리 조상들에 대한 감사의 마음도 생기고, 후손으로서 자부심도 느끼게 된다. 또한 우리나라가 여러 고난과 어려움을 이기고 오늘날과 같이 발전한 만큼, 역사를 본받아 스스로 성장하려는 마음가짐도 갖게 된다.

우리는 8·15해방으로 일제의 식민 통치에서 벗어났지만 38도선을 경계로, 미국과 소련의 한반도 분점으로 3년간 좌우 대립과 갈등을 겪었고, 1948년 남한과 북한에 각기 정부가 수립되어 분단의 아픔이 고착화되었다. 또한 남북 분단 체제가 세워진 지 2년도 지나지 않아 6·25전쟁이 일어나 3년 동안 동족상잔의 비극을 겪었고, 휴전 협정으로 전쟁의 포화는 멈추었지만 오늘날까지 남북 대치 상황이 계속되고 있다. 이 과정에서 대한민국은 경제성장과 민주화라는 업적을 달성해 세계 10위권의 위상을 지닌 나라로 발전했다. 역사학습을 통해 이런 것들을 배우면서 학생들은 우리나라에 자긍심을 갖는 것은 물론, 앞으로 더 성장하고 발전하기를 기원할 수도 있다. 교훈적인 메시지가 담겨 있는 역사의 학습은 학생들의 자아 정체성 형성에 많은 도움을 준다.

우리는 역사교육을 통해 많은 것을 배운다. 예를 들어, 조선 후기 세도정치로 인해 국가가 혼란에 빠지고, 지배층이 부패함에 따라 많은 민란이 일어났다는 것을 배우면서 학생들은 지도층의 부패와 타락이 혼란의 원인임을 알게 되고, 이런 것을 경계해야겠다고 느낀다. 어떤 지도자의 탐욕이 국가에 얼마나 엄청난 어려움을 가져왔는지 배우고, 한 사람의 탐욕이 개인적 차원뿐만 아니라 사회적 차원에서도 문제가 된다는 것을 알게 된다. 또한 주위를 돌아보고 자기 자신을 성찰하면서 내면을 가다듬는다.

역사학습을 통해 더 나은 나라를 만들기 위해 개인적 차원, 국가적 차원에서 우리가 떨쳐 버려야 할 습성은 무엇인지, 좀 더 나은 사회를 건설하기 위해 개발하고 발전시켜야 될 성품은 무엇인지 배우고, 더 나아가 자기를 돌아보게 된다. 결국 이런 과정을 반복하면서 학생들은 자신의 부족한 점과 개발해야 될 부분을 성찰하고 자아 정체성을 다듬어 간다.

이제 역사적 사고가 자아 정체성 형성에 어떤 도움을 주는지 알아보자. 첫째, 역사 과목은 역사 자료를 여러 방향에서 해석하고 다양한 가능성을 생각해 보도록 한다. 이렇게 길러진 역사적 사고력은 자아를 탐구하는 데도 도움이 된다. 예를 들어, 『조선왕조실록』의 한 부분을 보면서 그것이 쓰인 배경, 저자의 의도, 기록과 실제 역사적 사건의 차이 등을 생각해 볼 수 있다. 다양한 각도에서 질문을 던지는 역사적 사고가 발달하면 평소 자기 자신에 대해 생각할 때도 큰 도움이 된다.

둘째, 역사적 사고력이 발달한 학생은 어려운 문제를 맞닥뜨려도 좌절하지 않고 사고의 전환을 통해 대안을 찾기 위해 노력한다. 왜 문제를 풀 수 없었는지 다양한 각도에서 생각해 보고, 자신이 잘하는 분야는 무엇인지 생각할 수 있다. 평소에 다양한 시각으로 사물을 바라보는 훈련이 잘 되어 있으면 실패하더라도 좌절하지 않고 자기반성을 통해 새로운 길을 모색할 가능성이 높다.

셋째, 선인들의 삶의 여정과 그들이 이룩한 성과를 탐구하는 것은 학생의 삶에도 큰 도움이 된다. 많은 역사 속 인물을 접하면서 롤 모델을 발견하고 역경 대처 능력 등을 감정 이입해서 사고하다 보면,

학생은 자신의 현재와 미래에 대해 더욱 자신감을 갖게 될 것이다. 이렇게 쌓인 다양한 간접 경험을 통해 학생은 스스로에 대해 더욱 잘 알게 되고, 결과적으로 건강한 자아 정체성을 형성하게 된다.

일상생활에 도움을 주는 역사

일상생활을 하다 보면 역사적 표현처럼 역사에서 배운 것이 많은 도움을 줄 때가 있다. 일상화된 표현 중에도 역사를 알면 훨씬 잘 이해할 수 있는 것들이 있다. 예를 들어, 가끔 세련되지 못하고 엉성한 생활용품을 볼 때 "그거 선사 시대 물건 같다."라든지 "구석기 시대의 구닥다리 물건 같다."라는 말을 한다. 역사를 배운 학생은 선사 시대가 '역사 이전의 시대', 즉 문자로 역사가 기록되기 전 시대라는 것을 알고 있다. 구체적으로는 구석기 시대와 신석기 시대가 거기에 해당한다. 구석기 시대와 신석기 시대에는 돌을 깨뜨리거나 갈아서 생활 도구로 사용했다. 그래서 선사 시대 물건 같다, 구석기 시대 구닥다리 같다고 하면 너무 단순해 마치 그 시대의 유물 같다는 의미다.

    이런 역사적 표현을 잘 이해하지 못하면 일상적인 대화에서 의미와 맥락을 파악하는 데 문제가 발생한다. 선사 시대가 인류 역사 중 어느 단계에 해당하는지 알지 못하면 대화에서 적절하게 답변하거나 반응하기가 어렵기 때문이다.

언론에서도 역사적 표현이 많이 사용된다. 몇 년 전 사법시험이 폐지되고 로스쿨 제도로 바뀌었다. 사실 사법시험 제도는 가난하지만 머리가 좋은 사람이 출세할 수 있는 좋은 통로였다. 그래서 어려운 가정 출신이 사법시험에 합격하면 "개천에서 용 났다."며 관심이 집중되었다. 또한 시골 출신이 시험에 합격하면 마을에 축하 현수막을 걸고 온 동네가 자랑스럽게 여겼다.

그러나 사법시험 제도가 폐지되어 이제는 대학을 졸업한 뒤 치열한 경쟁을 뚫고 로스쿨에 들어가 6학기를 공부해야 변호사 시험에 응시할 자격이 주어진다. 이전에는 대학을 안 나와도 국민이면 누구나 시험에 응시할 수 있었다. 그런데 로스쿨 제도로 바뀌는 바람에 그런 신분 상승의 길이 막혔다고 할 수도 있겠다. 이런 점을 들어 '현대판 음서제蔭敍制'라며 비판적으로 언급한 뉴스 기사가 있었다.

음서제라는 것은 고려 시대에 아버지가 높은 관직의 관리일 경우 아들을 시험 없이 관리로 등용하는 제도로, 조선 시대까지 유지되었다. 고려 시대든 조선 시대든 아버지가 높은 관리라고 해서 아들이 무조건 출세에 유리할 수는 없었다. 그런데 음서제라는 것이 있어 아주 일부지만 소위 '아빠 찬스'를 써서 과거시험 없이 높은 관직에 나갈 수 있었다.

로스쿨 제도가 시행되고 초창기에는 주로 법관의 자녀들이 입시 자기소개서에 집안 배경을 넌지시 드러내는 경우가 있었다. 요즘에는 대학이나 로스쿨 입시에서 자기소개서에 이런 개인 정보를 쓰지 못하게 돼 있지만, 역사에서 음서제를 배워 그 내용을 정확히 알고 있는 사람은 뉴스에서 '로스쿨 제도는 현대판 음서제'라는 기사를 접했을 때 금방 이해했을 것이다. 그 기사는 부와 지위를 대물림하는 사회에 대한 비판적인 의미로 로스쿨 제도를 '현대판 음서제'라고 표현한 것이다.

이처럼 일상생활에서도 어떤 역사적 용어나 표현들이 자연스럽고 유용하게 쓰일 수 있다. 그러나 의미를 모른다면 그런 용어나 표현이 전달하고자 하는 메시지를 정확히 파악하기 어려울 것이다.

또한 우리가 일상적으로 접하는 지역이나 공간도 역사적 배경이 담긴 이름이 많다. 서울 지하철 2호선 낙성대역이 대표적이다. 낙성대에 대한 역사적 지식이 없으면 낙성대가 무슨 의미인지 알 수가 없다. 요즘에는 낙성대역과 강감찬역이라는 이름을 동시에 쓰기 때문에 '낙성대와 강감찬 장군이 관련 있나 보다' 정도는 생각할 수 있다. 더 나아가 '낙성대가 정확히 뭐지? 강감찬 장군과 낙성대가 어떻게 연결되지?' 하며 궁금해할 수도 있다.

낙성대落星垈는 고려 시대의 명장 강감찬姜邯贊 장군이 태어날 때 그곳에 별이 떨어진 것을 보았다고 해서 붙은 이름이다. 강감찬 장군의 생가터를 낙성대라 부르고, 그 일대를 낙성대동이라고 한다. 낙성대역에서 멀지 않은 곳에 낙성대 공원이 조성되어 있는데, 그 안에 강감찬 장군의 기마상과 안국사라는 사당이 있다. 강감찬 장군은 거란의 3차 침입 때 귀주대첩龜州大捷에서 승리를 거둬 큰 공을 세웠다.

거란족은 고려를 세 차례 침략했는데, 서희徐熙, 양규楊規, 강감찬 장군이 각각 거란족의 침입을 막아 내 국난을 잘 극복했다. 이런 역사적 배경과 의미를 알면 낙성대역을 지날 때 느낌이 다를 것이다. 지명이나 유적지에 담긴 배경을 정확히 알고 이해하면 현대를 살아가는 데 좋은 지적 자산이 될 수 있다.

또한 역사학습은 인문학적 소양을 함양하고 교양을 높이는 데도 많은 도움이 된다. 드라마, 영화에서 역사를 소재로 한 작품이 많다. 뮤지컬 영화 〈영웅〉의 포스터에는 "1909년 하얼빈의 총성, 잊을 수 없는 이야기가 시작된다."라는 문구가 쓰여 있다. 안중근安重根 의사의 일대기를 다룬 〈영웅〉은 원래 뮤지컬로 나온 것을 영화화한 것이다.

안중근 의사는 우리나라 국민이면 모르는 사람이 거의 없다. 그러나 안중근에 대한 이해 정도에 따라 영화가 주는 의미에 대한 해석이 많이 차이 날 것이다. 안중근에 대한 지식이 전혀 없고, 일제강점기라는 시대적 배경을 잘 모르면 영화를 제대로 감상할 수 없다. 한국 현대사를 공부한 사람은 일제강점기 35년 동안 얼마나 많은 어려움이 있었는지 어느 정도 알 수 있다. 다 아는 바와 같이 1910년에 일제에 병합되면서 우리는 국권을 상실했다. 1919년에 전국적으로 3·1운동이 일어나고 독립운동가들이 해외로 망명하면서까지 나라의 독립을 위해 싸운 것이 바로 일제강점이라고 하는 시대 상황이다. 이 영화는 암울한 일제강점기를 배경으로 안중근의 일대기를 다룬다.

핵심 내용은 안중근 의사가 이토 히로부미伊藤博文라는 일본의 거물 정치가를 중국 하얼빈 역에서 암살한 사건이다.

시대적 배경을 잘 모른다면 이 영화는 한국인이 일본인을 죽인 살인 사건을 다룬 것에 지나지 않는다. 그러나 시대 상황을 충분히 이해한 사람이라면 이 사건이 어떤 의미를 지니는지 공감할 수 있다. 또 안중근의 행위가 단순히 일본 사람 한 명을 죽인 것이 아니라 역사적 의미가 얼마나 큰 의거였는지 알 것이다. 일제강점기에 대해 피상적으로 아는 사람이나, 이토 히로부미를 잘 모르거나 안중근이 왜 그런 거사를 단행했는지 충분히 이해하지 못한 사람은 심지어 〈영웅〉을 오락 영화로 생각할 수도 있을 것이다.

영화에서는 당시 안중근이 거사를 단행한 이유를 노래 가사로 표현했다. 역사학습을 통해 이토 히로부미가 어떤 인물인지, 그가 일제강점에 어떤 역할을 했는지 알고 있다면 영화가 전달하는 메시지를 잘 이해할 수 있을 것이다.

한편, 요즘에는 여행이 일상화되었다. 그런데 역사 지식이 있으면 여행에서의 경험이 훨씬 풍부해진다. 경치가 좋아서 가는 여행지도 있지만 역사적 배경이 있는 유적지도 많다. 또 경치가 좋은 곳에 가더라도 주변 유적지에 들르기 마련이다. 그런데 역사적 배경 지식이 없으면 그 유적지의 역사적 의미와 감흥을 느끼기가 쉽지 않을 것이다.

예를 들어 강릉을 여행할 경우, 경포대에 가서 넓은 동해 바다와

하얀 백사장을 보면서 즐거운 시간을 보낸 다음 경포대 근처에 있는 오죽헌에 들르는 사람이 많다. 신사임당申師任堂이 율곡 이이李珥를 낳아서 키운 오죽헌烏竹軒은 뒤뜰에 검은 대나무가 있어서 이런 이름이 붙었다. 역사 수업 시간에 신사임당과 율곡 이이에 대해 배운 사람은 오죽헌의 의미나 두 인물에 대해 더 깊이 이해할 것이다.

율곡 이이는 조선 시대 기호학파의 수장으로서 퇴계 이황李滉과 함께 조선 성리학의 두 줄기를 형성하고 많은 제자를 길러 낸 유학자다. 그는 정치가로서 왜군의 침입에 대비하기 위해 10만 양병설을 주장했는데, 훌륭한 학자였을 뿐만 아니라 정치적 경륜도 대단히 높았다. 이를 기려 5천 원권 지폐에는 율곡 이이의 초상과 오죽헌의 대나무들이 새겨져 있다.

또한 신사임당은 율곡을 잘 키웠을 뿐만 아니라 시詩, 서書, 화畵에 모두 능해 수재라는 뜻의 '삼절三絶'로 불렸으며 우리나라 화폐(그것도 제일 고액인 5만 원권)에 새겨진 유일한 여성으로 기념되고 있다. 5만 원권에는 신사임당의 초상과 보물 제595호로 지정된 〈초충도수병草蟲圖繡屛〉 그리고 풍요를 상징하는 〈묵포도도墨葡萄圖〉가 함께 들어 있다. 이처럼 신사임당과 율곡 이이에 관한 역사적 지식을 알고 나면 오죽헌이 새로운 의미로 다가올 것이다. "아는 만큼 보인다."는 말처럼 역사를 알고 현장을 보면 훨씬 깊이 이해할 수 있다.

해외여행의 경우도 마찬가지다. 예를 들어, 그리스의 아테네로 여행을 가서 아크로폴리스를 찾았다고 하자. 아크로폴리스라는 바위 언덕 위에는 파르테논 신전이 있고 아크로폴리스 언덕 아래에는 아고라라는 광장이 있다. 사실 지금의 아고라 광장은 초라해 보이고 부서진 유적들이 흩어져 있을 뿐이다.

그런데 세계사를 배운 학생은 고대 아테네의 중요성에 대해서 알고 있을 것이다. 지금은 아테네가 그리스의 수도이지만 고대에는 스파르타나 고린도처럼 하나의 국가였다. 아테네에는 지금부터 2,500여 년 전에 그리스에서 가장 중요한 도시국가였음을 보여 주는 많은 역사적 유적과 유물들의 흔적이 남아 있다. 그중에서도 특히 아크로폴리스와 아고라는 아주 중요한 장소다. 아크로폴리스 언덕에는 기원전 6세기 중반에 아테네의 수호신 아테나를 모신 파르테논 신전이 세워졌다. 파르테논 신전 안에는 금과 상아로 된 거대한 아테네 여신의 신상이 모셔져 있었고, 아테네 여신에게 정기적으로 제사를 드렸다. 세월이 흐르면서 전쟁 등으로 인해 파괴되어 지금은 기둥과 외벽의 일부만 남아 있다. 그럼에도 불구하고 여전히 웅장한 자태

아테네의 아크로폴리스(좌)와 아고라(우)

를 뽐내는 파르테논 신전은 한때 아테네인들의 자긍심을 얼마나 불러일으켰는지 짐작케 한다.

아크로폴리스 언덕 아래에 있는 아고라는 고대 아테네인들의 공적·사적 활동이 이루어졌던 광장이다. 아고라 광장은 상거래도 하고, 민회도 열고, 학자들이 모여 토론도 하는 도시의 중심 역할을 했다. 현재는 건물의 잔해만 일부 남아 있어 직접 보면 '이런 곳이 그렇게 중요할까?' 하는 생각이 들 수도 있다. 하지만 고대 아테네의 정치나 문화를 공부한 사람은 이곳이 페리클레스Pericles와 많은 아테네인들이 민주 정치를 발전시키고 소크라테스Socrates, 플라톤Platon 등이 철학을 논했던 역사의 현장임을 알고 있어 유적지를 보는 즐거움이 훨씬 더 커질 것이다. 눈에 보이는 것이 별로 없고 파괴되어 잔해뿐이라 하더라도 유적지는 역사적 상상력을 발휘하게 하고 당시 일어났던 일들을 되새겨 그곳의 중요성을 생각해 보게 하기 때문이다.

이처럼 역사를 공부한 사람은 역사 현장이 지닌 역사성을 알고 있어 시각이 다르고 감흥이 풍부하다. 반면 역사적 배경 지식이 없으면 중요한 역사 유적지를 여행해도 따분하고 별로 감흥이 없다. 그런 면에서 온전한 역사학습, 즉 한국사와 세계사의 균형 잡힌 역사교육이 매우 중요하다.

박물관이나 미술관에도 역사와 관련된 자료나 전시가 많기 때문에 역사학습의 효과를 제대로 느낄 수 있다. 예를 들어, 2023년 6월부터 2027년 5월까지 국립중앙박물관에서 '그리스가 로마에게,

로마가 그리스에게'라는 주제의 전시회를 하고 있다. 보통은 그리스 작품과 로마 작품을 따로 전시하는데, 이번에는 그리스와 로마가 서로 얼마나 영향을 주고받았는지 보여 주는 기획으로, 오스트리아의 빈 미술사 박물관이 소장한 조각 작품들을 전시한다.

　보통 국립중앙박물관은 무료인데, 해외 박물관 작품의 특별기획전 때는 상당한 금액의 입장료를 내야 한다. 그런데 이번 전시는 무료라고 하니 좋은 기회다. 이 전시회는 율리우스 카이사르_{Julius Caesar}의 초상을 비롯해 오스트리아 빈 미술사 박물관에서만 볼 수 있는 유명한 작품들을 서울에서 직접 볼 수 있다는 데 큰 의미가 있다. 이런 것들을 보면서 고대 그리스와 로마의 문화를 접할 수 있고 그리스와 로마가 어떻게 영향을 주고받았는지 생생하게 이해할 수 있다.

　이 전시회는 신화의 세계, 인간의 세상, 그리고 그림자의 제국으로 나뉘어 있다. 특히 초등학생들을 위한 특별 프로그램이 있어 4명에서 6명씩 약간의 비용을 지불하면 선생님의 안내를 받으면서 강의도 듣고 전시물에 대한 자세한 설명을 들을 수 있다. 전시회 안내문에는 방학 때 관람했던 학생들과 학부모들의 반응이 소개되어 있다. "그동안 전시회를 많이 다녔는데 이건 정말 충분히 학생들을 데리고 가서 보여 줄 만하다."라는 감상평이 시선을 끈다. 자녀들과 주말에 관람하면 고대 그리스와 로마를 이해하는 데 아주 많은 도움이 될 것이다. 이런 전시회는 가서 보는 것만으로도 의미 있겠지만, 세계사에 대한 배경 지식을 가지고 현장에 가서 전시물을 보면 역사적 의미를 더 잘 알 수 있고 이해하는 정보량이 훨씬 많을 것 같다.

    지금까지 여행이나 전시회 또는 영화를 관람할 때 역사교육이 갖는 긍정적이고 유익한 부분에 대해 알아보았다. 역사교육을 통해 배운 역사 지식은 학생들의 성적 향상뿐만 아니라 일상에서 문화생활을 하는 데도 아주 유익한 지적 자산이 될 수 있다.

3장

교육과정 속 역사교육

3장에서는 학교에서 역사교육이 어떻게 이루어지고 있는지 알아보겠다. 교육과정을 중심으로 초·중·고등학교에서 역사 과목이 어떻게 편성되어 있는지 살펴본다.

역사 공교육의 중요성

초·중·고등학교의 역사교육을 말하기 전에, 학교 역사교육의 중요성을 강조하고 싶다. 먼저 공교육, 즉 학교에서 역사교육이 어떻게 이루어지는지 살펴보고자 한다. 요즘 역사학습을 위한 다양한 프로그램과 자료들이 있지만 역시 학교에서 배우는 수업이 가장 기본이 되어야 한다. 좋은 성적을 받기 위해서는 역사 교과가 어떻게 편제되어 있는지 이해하는 것이 중요하다.

역사를 좋아하는 사람이 많아 역사 분야 교양서나 대중서의 인기가 높다. 역사를 소재로 한 영화나 드라마도 많다. 그러다 보니 대중문화에서 역사 왜곡 논란이 생기기도 한다. 때로는 역사적 이슈가 여러 가지 정치·사회적 갈등의 소재가 되기도 한다. 이런 현실에서 올바른 판단을 하기 위해서는 학교에서의 역사 수업이 중요하다. 인터넷에서 얻은 역사 지식만 가지고는 역사 왜곡 논란에 대한 가치 판단을 할 때 올바른 사고를 하기가 어렵다. 학교에서 역사교육을 잘 받고 역사에 대한 올바른 이해를 갖추는 것이 매우 중요하다.

역사 교과뿐만 아니라 모든 학교 교육은 학교 교육과정에 근거해서 진행된다. 우리나라는 1954년 1차 교육과정을 시작으로 여러 차례 교육과정이 개정되었다. 2023년 현재 2015 개정 교육과정이 운영 중이다. 그리고 지난 2022년 12월에 2022 개정 교육과정이 발표되어 2024년부터는 초등학교 1학년에, 2025년부터는 중학교와 고등학교 1학년에 순차적으로 적용된다. 학교 교육과정에 따라 과목이나 시수, 교과서 학습 내용이 결정된다. 수업 방식은 교사에 따라 달라질 수 있지만, 내용 요소나 성취 목표는 국가가 제정한 교육과정에 근거해야만 한다. 그래서 역사교육에서도 교육과정을 잘 이해하는 것은 아주 중요하다.

초등학교 역사 교육과정

우선, 초등학교 역사 교육과정을 살펴보겠다. 초등학교에서는 일상생활과 학습에 필요한 기초 능력을 키우고 바른 인성을 함양하는 데 중점을 두고 있다. 역사 내용도 역사라는 과목으로 따로 다루지 않고 사회 과목 안에 포함되어 있다. 또 초등학교에서는 우리나라 역사부터 배운다. 5학년 때 고대부터 시작해 6학년에 이르면 현대까지 우리나라 역사를 배우도록 되어 있다.

초등학교 역사 교육과정의 중요한 핵심 개념은 다음과 같다. 우선 역사 일반, 즉 역사의 의미를 파악한 다음 정치사 중심으로 다룬다. 선사 시대와 고조선의 등장, 여러 나라의 성장, 삼국의 성장과 통일, 그리고 통일신라와 발해, 고려 문벌 귀족 사회의 형성과 변화, 조선의 건국과 유교 문화의 성숙, 전란과 조선 후기 사회의 변동, 개항과 개화파, 일제 식민 지배와 해방을 위한 노력, 대한민국의 발전, 대한민국의 미래 등 선사 시대부터 현대사까지 다룬다.

그다음에는 사회·경제사에 초점을 맞추어 주제에 따라 신분제의 변화, 경제적 변동, 가족 제도, 전봉문화 등의 항목을 5, 6학년 때 공부한다. 학생들의 인지 능력이 완전히 발달되지 않았기 때문에 초등학교 역사 수업은 자기가 사는 고장과 관련된 옛이야기나 문화유산이 핵심 요소가 된다. 그래서 견학과 체험을 통한 학습을 지향한다. 또 옛사람들의 생활을 이해하기 위해 역사 신문 만들기 등 모둠

초등학교 역사 교육과정

영역	핵심 개념	일반화된 지식	내용 요소 3-4학년	내용 요소 5-6학년	기능
역사 일반	역사의 의미	역사학은 '기록으로서의 역사'와 '해석으로서의 역사'를 모두 다루는 학문으로, 과거의 사실을 바탕으로 현재의 우리를 이해하는 통로가 된다.	우리가 알아보는 고장 이야기(고장과 관련된 옛이야기, 고장의 문화유산, 고장의 지명)		역사 용어와 개념 이해하기
정치·문화사	선사 시대와 고조선의 등장	한반도에는 구석기 시대부터 사람이 살기 시작했으며, 신석기 시대와 청동기 시대를 거친 후 최초의 국가인 고조선이 등장했다.	시대마다 다른 생활 모습 (옛사람들의 생활 도구와 주거 형태)		역사적 상황 파악하기
	여러 나라의 성장	고조선이 멸망한 후 부여, 고구려, 옥저, 동예, 삼한 등이 등장했다.			역사적 사실 탐구하기
	삼국의 성장과 통일	고구려, 백제, 신라는 중앙 집권화를 거쳐 국가로 발전했으며, 서로 간의 항쟁을 거쳐 신라가 통일을 이루었다.		고대 국가의 등장과 발전(삼국의 발전, 불국사와 석굴암)	
	통일신라와 발해	통일신라는 전제왕권을 바탕으로 국가적 통합을 이루고자 했으며, 옛 고구려 땅에서 등장한 발해는 고구려 계승 의식을 내세 우며 문화적으로 발전한 국가를 이루었다.		통일신라와 발해	시대적 배경 이해하기 추론하기

3장 교육과정 속 역사교육　　45

영역	핵심 개념	일반화된 지식	내용 요소		기능
			3-4학년	5-6학년	
정치·문화사	고려 문벌 귀족사회의 형성과 변화	후삼국을 통일한 고려는 문벌귀족을 중심으로 정치가 발전했으며, 무신 집권기를 거쳐 몽골의 간섭을 받았다.		독창적인 문화를 발전시킨 고려(고려 정치와 고려 문화, 금속 활자와 그 의의, 팔만대장경)	역사적 상황 파악하기
	조선의 건국과 유교 문화의 성숙	성리학을 정치 이념으로 내세운 조선은 유교 정치를 표방했으며, 이를 바탕으로 문물을 발전시켰다.		민족 문화를 지켜 나간 조선(이성계, 세종, 훈민정음)	역사적 사실 탐구하기
	전란과 조선 후기 사회의 변동	임진왜란과 병자호란 이후 조선은 새로운 사회로 변화했다.		새로운 사회를 향한 움직임(영·정조의 정치)	시대적 배경 이해하기
	개항과 개화파	개항 이후 개화파의 등장으로 근대 개혁이 이루어졌으나 일제의 침략으로 좌절되었다.		새로운 사회를 향한 움직임(근대 개혁)	
	일제 식민 지배와 광복을 위한 노력	일제의 지배에 맞서 나라를 되찾기 위해 노력했다.		일제의 침략과 광복을 위한 노력	추론하기

영역	핵심 개념	일반화된 지식	내용 요소 3-4학년	내용 요소 5-6학년	기능
정치·문화사	대한민국의 발전	해방 이후 대한민국 정부가 수립되었으며, 6·25전쟁을 거쳐 민주화와 산업화를 이룩했다.		• 대한민국 정부의 수립과 6·25전쟁 • 민주주의 발전과 시민 참여	역사적 상황 파악하기
정치·문화사	대한민국의 미래	우리나라는 남북 통일과 주변국과의 역사 갈등을 해소를 통해 평화롭고 번영하는 미래를 추구해 나가야 한다.		• 통일을 위한 노력 • 역사 갈등 해소를 위한 노력과 독도	역사적 사실 탐구하기
사회·경제사	신분제의 변화	전근대 시대 신분제는 정치 변동과 함께 변화하다가 근대에 이르러 사라졌다.		인권 개선을 위한 노력	시대적 배경 이해하기
사회·경제사	경제적 변동	전근대 시기 농업 중심 경제는 현대에 들어 상공업 중심 경제로 변화했다.		경제 생활의 변화와 우리나라 경제의 성장	
사회·경제사	가족 제도	우리나라의 가족 제도는 시대에 따라 다양하게 변했다.	가족의 모습과 역할 변화		추론하기
사회·경제사	전통문화	우리나라 전통문화는 시대에 따라 변화·발전해 왔다.	세시풍속의 변화상		

활동도 권장하고, 극화 학습과 다양한 시각 자료를 활용해 옛사람들의 삶을 체험하고 공감할 수 있도록 유도한다. 선생님에 따라 수업 내용이나 방식에 차이가 생길 수도 있지만 교육과정이 제시한 중요한 내용을 공통적으로 가르치기 때문에 대부분의 학생은 교육과정과 교과서에 근거해서 역사 수업을 받는다.

중학교 역사 교육과정

중학교에서는 보통 2학년과 3학년에 역사 과목이 편성되어 있다. 역사 1, 2로 나뉘어 있는데, 2학년 때 주로 배우는 중학 역사 1은 세계사를, 중학 역사 2는 한국사를 다룬다. 이것은 2015 교육과정의 특성이다. 이전의 중학교 2학년 역사 교과서는 앞부분에 한국사를, 뒷부분에 세계사를 싣는 방식으로 구성되어 있었다. 중학교 3학년 역사 교과서도 앞부분에 한국사가 나오고 뒷부분에 세계사가 나오는 방식이었다. 2학년 때는 전근대사로서 한국사와 세계사, 3학년 때는 근현대사로서 한국사와 세세사를 배우는 식이었다. 그런데 이처럼 세계사가 뒤에 배치되다 보니 세계사 교육이 너무 취약해져, 2015 개정 교육과정에서는 중학교 2학년 때 세계사를 먼저 배우도록 바뀌어 역사 1이 세계사이고 역사 2는 한국사로서 3학년 때 배우게 편성하고 있다. 세계사를 먼저 배우고, 그것을 바탕으로 한국사 내용을 서로 연관 지어 이해하자는 취지다.

역사 1, 즉 세계사는 문명의 발생과 고대 세계의 형성, 세계 종교의 확산과 지역 문화의 형성, 지역 세계의 교류와 변화, 제국주의 침략과 국민국가 건설 운동, 세계 대전과 사회 변동, 현대 세계의 전개와 과제 등으로 구성되어 있다. 그리고 역사 2, 즉 한국사는 선사 문화와 고대 국가의 형성, 남북국 시대의 전개, 고려의 성립과 변천, 조선의 성립과 발전, 조선 사회의 변동, 근·현대 사회의 전개 등으로 구성되어 있다. 이처럼 중학교 3학년이 배우는 역사 2는 주로 전근대사 위주의 한국사로 편성되어 있다. 그렇다 보니 초등학교에서 한국사만 조금 배우다가 중학교 2학년에 갑자기 세계사를 배우고 중학교 3학년 때 다시 한국사를 배우는 교과 편성이 논란거리다. 특히 중학교 2학년 때 처음으로 세계사를 배우기 때문에 중학교 역사 선생님과 학생들이 많은 어려움을 호소한다.

수업 방식을 보면, 중학교 역사 수업은 주로 학생 참여 중심의 활동으로 진행되어, 프로젝트 수업 또는 토론 수업, 모둠 활동 등이 강조된다. 최근에는 줌 회의나 패들렛padlet 활동은 물론 증강 현실, 메타버스 게임 등 디지털 기술을 활용하는 교사가 증가하는 추세다. 그래서 학생들에게는 역사지식뿐만 아니라 디지털 역량도 굉장히 중요해졌다. 교사들은 디지털 기술까지 가르치면서 학생들이 중학교 역사 수업 내용을 균형 있게 이해하도록 힘쓰고 있다.

중학교 역사 교육과정

내용체계	대주제	소주제
역사 1	문명의 발생과 고대 세계의 형성	• 역사의 의미와 역사학습의 목적 • 세계의 선사 문화와 고대 문명 • 고대 제국들의 특성과 주변 세계의 성장
	세계 종교의 확산과 지역 문화의 형성	• 불교 및 힌두교 문화의 형성과 확산 • 동아시아 문화의 형성과 확산 • 이슬람 문화의 형성과 확산 • 크리스트교 문화의 형성과 확산
	지역 세계의 교류와 변화	• 몽골 제국과 문화 교류 • 동아시아 지역 질서의 변화 • 서아시아와 북아프리카 지역 질서의 변화 • 신항로 개척과 유럽 지역 질서의 변화
	제국주의 침략과 국민국가 건설 운동	• 유럽과 아메리카의 국민국가 체제 • 유럽의 산업화와 제국주의 • 서아시아와 인도의 국민국가 건설 운동 • 동아시아의 국민국가 건설 운동
	세계 대전과 사회 변동	• 세계 대전과 국제 질서의 변화 • 민주주의의 확산 • 인권 회복과 평화 확산을 위한 노력
	현대 세계의 전개와 과제	• 냉전 체제와 제3세계의 형성 • 세계화와 경제 통합 • 탈권위주의 운동과 대중문화 발달 • 현대 세계의 문제 해결을 위한 노력
역사 2	선사 문화와 고대 국가의 형성	• 선사 문화와 고조선 • 여러 나라의 성장 • 삼국의 성립과 발전 • 삼국의 문화와 대외 교류

내용체계	대주제	소주제
역사 2	남북국 시대의 전개	• 신라의 삼국 통일과 발해의 건국 • 남북국의 발전과 변화 • 남북국의 문화와 대외 관계
	고려의 성립과 변천	• 고려의 건국과 정치 변화 • 고려의 대외 관계 • 몽골의 간섭과 고려의 개혁 • 고려의 생활과 문화
	조선의 성립과 발전	• 통치 체제와 대외 관계 • 사림 세력과 정치 변화 • 문화의 발달과 사회 변화 • 왜란·호란의 발발과 영향
	조선 사회의 변동	• 조선 후기의 정치 변동 • 사회 변화와 농민의 봉기 • 학문과 예술의 새로운 경향 • 생활과 문화의 새로운 양상
	근·현대 사회의 전개	• 국민국가의 수립 • 자본주의와 사회 변화 • 민주주의의 발전 • 평화 통일을 위한 노력

고등학교 역사 교육과정

고등학교에서 역사 과목은 고등학교 1학년 때 한국사가 공통 과목으로, 고등학교 2학년부터 세계사와 동아시아사가 일반 선택 과목으로 편성되어 있다. 학생들이 고등학교에서 배우는 역사 과목들은 모두 대학수학능력시험의 대상이 되기 때문에 특히 관심이 높다. 우선, 고등학교 한국사 교육과정은 공통 과목으로 필수 이수 단위가 6단위다. 그래서 모든 고등학교 1학년생은 한국사를 배워야 한다.

한국사는 초등학교 5, 6학년, 중학교 3학년, 고등학교 1학년, 이렇게 3단계로 배운다. 중학교 3학년 때 배우는 역사 2는 주로 한국사의 전근대사 위주로 편성되어 있다. 그리고 고등학교 한국사는 근현대사 위주의 내용으로 채워져 있다. 중학교와 고등학교에서 각각 전근대사와 근현대사로 시대를 구분해서 가르쳐 역사교육이 반복되지 않도록 하겠다는 취지다. 하지만 중학교 3학년 때 배웠다고 해서 학생들이 전근대 한국사에 대한 내용을 잘 알고 있는 것은 아니다. 그런데도 전근대 한국사 내용을 대거 생략한 채 근현대사 중심으로 교육하다 보니 역사학자들로부터 고등학교 한국사 교육이 근현대사 중심으로 치우쳐 있다는 비판을 받고 있다.

1장에서 언급한 역사교육의 정치화 문제도 이런 배경에서 나왔다. 한국사 과목의 교육과정을 보면, 전근대사는 4단원 중 1단원에서 몰아 가르친다. 4단원 중 고대 국가의 지배 체제, 고대 사회의 종교와 사상, 고려의 통치 체제와 국제 질서의 변동, 고려의 사회와 사상, 조선 시대 세계관의 변화, 양반 신분제 사회와 상품 화폐 경제 등 전근대사 내용이 모두 1단원에 포함되어 있다. 그다음 2단원은 근대 국민국가 수립 내용으로, 서구 열강의 접근과 조선의 대응, 동아시아의 변화와 근대적 개혁의 추진 등 19세기 말 우리나라가 처했던 현실을 다룬다. 3단원은 일제강점과 민족 운동의 전개를 다루는데, 근대 국민국가 수립을 주체적으로 이루지 못하고 아쉽게 일제강점을 겪은 내용 등이 담겨 있다. 즉 일제의 식민지 지배 정책, 3·1운동과 대한민국 임시정부, 다양한 민족 운동의 전개, 일제강점기에 일어났던 여러 가지 사회·문화의 변화와 사회운동 등을 다룬다. 그리고 4단원은 현대사에 해당하는 대한민국의 발전 내용을 다룬다.

학습 방법 면에서 보면, 고등학교 한국사 수업은 단편적 지식을 넘어 심화 학습을 지향한다. 근현대사의 다양한 사료를 읽고 추론하는 능력이 필요하기 때문이다. 근현대사 중심이다 보니 쟁점이 되는 내용이 많아 개항 또는 제국주의, 제1차 세계 대전 등 여러 주제에 대해 토론하거나 논술, 역사 글쓰기 활동 등도 많이 한다. 진로나 개별 관심사에 따라 심화 탐구 활동도 권장한다.

한국사 평가는 지필 고사가 중요한데, 2023년 현재 운영 중인 2015 교육과정에 따르면 한국사는 상대 평가 9등급으로 되어 있다. 2025년도부터 2022 교육과정이 도입되는데, 2025년도에는 고교 학점제가 시행되고 1학년 한국사 공통 과목은 상대 평가한다.

평가에는 단편적인 지식 암기용 문제보다 수능시험과 유사한 문항이 다수 출제된다. 꾸준히 수행평가 비중이 강조되는 추세다. 다양한 발표나 프로젝트, 역사 글쓰기 등 수업 중에 이루어지는 활동이 평가 대상이므로 고등학생들은 지필고사만 주력해서는 안 되고 다양한 활동에 대한 심화 학습을 준비해야 한다.

고등학교에서 한국사는 국어·영어·수학과 함께 기초 공통 과목에 해당한다. 사회탐구 과목 중에도 역사 교과가 들어 있는데, 그중 통합사회는 사회과 모두가 공통으로 배우는 과목이다. 역사과 선택 과목으로는 현재 세계사와 동아시아사가 있다. 2학년 때 주로 선택 과목을 공부하는데, 2학년과 3학년 때 9개의 선택 과목 중 세계사와 동아시아사를 비롯한 여러 사회탐구 과목 중 원하는 과목을 선택해서 수업을 들을 수 있고 그중에서 두 과목을 선택해 수능시험을 치른다.

고등학교 역사 선택 과목 중 세계사를 보면, 내용 구성이 6개의 대단원으로 되어 있다. 2015 교육과정에서 세계사는 전근대사를 한 단원씩 지역사로 나누어서 다룬다. 1단원은 인류의 출현과 문명의 발생, 2단원은 수로 우리나라, 중국, 일본이 주축인 동아시아 지역의 역사, 3단원은 서아시아와 인도 지역의 역사, 4단원은 유럽과 아메리카 지역, 즉 유럽과 미국을 포함한 서양 세계의 역사로 편성되어 있다. 그래서 19세기 말까지 동아시아, 인도와 서아시아, 유럽 및 아메리카가 각각 어떻게 발전해 왔는지 다룬 다음, 5단원에서는 제국주의와 두 차례 세계 대전, 6단원에서는 현대 세계의 변화로서 1945년 이후의 현대사를 다룬다.

역사 선택 과목 중 동아시아사는 주로 한·중·일이 중심이지만, 베트남 지역까지 포함하고 있다. 동아시아 역사의 시작, 동아시아 세계의 성립과 변화, 동아시아의 사회 변동과 문화 교류, 동아시아의 근대화 운동과 반제국주의 민족 운동, 오늘날의 동아시아, 이렇게 5개의 단원으로 나누어 서술하고 있다.

사회탐구 선택 과목이 9개나 되기 때문에 고등학교에서 모든 선택 과목을 개설하지는 않는다. 따라서 세계사와 동아시아사 두 과목을 모두 가르치는 학교도 있고 한 과목만 가르치는 학교도 있다. 심지어 일부 학교에서는 아예 역사 선택 과목을 가르치지 않는다. 이런 것이 역사교육에서 큰 문제다.

2022 개정 교육과정

2022 개정 교육과정은 2025년에 고등학교 1학년과 중학교 1학년에 적용된다. 2025년에는 고교 학점제도 처음 도입되어, 지금까지 시수별로 이수해 오던 고등학교 교육 현장에 큰 변화가 예상된다.

한국사의 경우 2025년에도 여전히 공통 필수 과목이지만 한국사 1, 한국사 2로 나누어 고등학교 1학년 1학기에 한국사 1을, 2학기에 한국사 2를 가르칠 예정이다. 사회 교과의 일반 선택 과목은 현재의 9과목에서 4과목으로 줄어든다. 역사 쪽은 세계사만 일반 선택 과목으로 남고 동아시아사는 진로 선택 과목에 포함될 예정이다.

선택 과목이 세 종류로 나뉘었는데, 진로 선택 과목은 이전부터 있었고 2022 개정 교육과정에서 융합 선택 과목이 생겨 여기에 '역사로 탐구하는 현대 세계'라는 과목이 신설되었다. 세계사는 2015 교육과정에서 전근대사가 지역사로 편제되었는데, 이 범주를 그전의 2011 세계사 교육과정처럼 교류와 비교를 중심으로 한 세계사로 환원했다. 즉, 2025년부터 배울 고등학교 세계사의 구성은 전근대사의 경우 지역사 중심에서 주제 중심으로 바뀔 예정이다. 단원 수도 6단원에서 4단원으로 줄여 지역 세계가 어떻게 형성되었는지, 주로 고대 역사를 담고, 교역망의 확대, 근대 국민국가의 형성, 현대 세계

2022 개정 교육과정의 고등학교 사회과 과목

교과(군)	공통 과목	선택 과목
사회 (역사/도덕 포함)	한국사 1 한국사 2	• 일반 선택 과목: 세계시민과 지리, 세계사, 사회와 문화, 현대사회와 윤리 • 진로 선택 과목: 한국지리 탐구, 도시의 미래 탐구, 동아시아 역사 기행, 정치, 법과 사회, 경제, 윤리와 사상, 인문학과 윤리, 국제 관계의 이해
	통합사회 1 통합사회 2	• 융합 선택 과목: 여행지리, 역사로 탐구하는 현대 세계, 사회문제 탐구, 금융과 경제생활, 윤리문제 탐구, 기후변화와 지속가능한 세계

의 과제 등 주제 중심으로 시대를 내려오면서 동서양사를 아우르는 방식으로 한 학기에 마치도록 개정되었다.

2022 교육과정에서 동아시아사는 진로 선택 과목이 되면서 '동아시아 역사 기행'으로 교과명이 바뀌고 내용도 주제 중심으로 구성되었다. 그리고 동아시아로 떠나는 역사 기행, 교류와 갈등의 현장에서 만난 역사, 침략과 저항의 현장에서 만난 역사, 평화와 공존의 현장에서 만난 역사 등 근현대사 중심으로 편성되었다.

그다음 2022 교육과정에서 처음 도입되는 융합 선택 과목으로 '역사로 탐구하는 현대 세계'가 신설되었다. 현대 사회의 다섯 가지 현안을 역사적 관점에서 모색해 보자는 취지에서, 현대 세계와 역사 탐구, 냉전과 열전, 성장의 풍요와 생태 환경, 분쟁과 갈등, 화해의 역사, 도전받는 현대 세계 등의 내용으로 구성되어 있다.

교육과정이 어떻게 변하든 학부모나 수험생이 제일 신경 쓰는 것은 대학 입시에서 중요하게 작용하는 수능시험 제도다. 수능시험에서 현재 공통 필수인 한국사는 절대 평가로 성적이 부여되고 있다. 50점 만점에 1등급은 40점 이상, 2등급부터는 5점 단위로 점수가 배정된다. 필수 과목이다 보니 난이도가 조금 낮아졌다. 세계사와 동아시아사 교육은 2028 대학 입시 제도 개편에 따라 수능 과목 선택제가 폐지되기에 낮은 선택률에 대한 걱정이 사라지게 되었다. 이제 수능시험에서의 불리함 때문에 학생들이 동아시아사나 세계사를 기피하는 일은 줄어들 것이다. 앞으로 더 많은 학생이 편안한 마음으로 그 과목들을 수강했으면 좋겠다.

지금까지 학교 역사교육이 어떻게 편성되어 있는지 살펴보았다. 2022 교육과정이 2025년부터 적용되는데, 2028 수능시험부터는 선택 과목 제도가 폐지되니 세계사 교육이 되살아나는 계기가 되기를 기대한다. 특히 앞으로 역사를 전공하고 싶다든가 역사를 기반으로 다른 진로를 모색하는 학생들은 역사교육의 중요성을 심도 있게 생각해 보면 좋겠다.

모든 과목이 그렇듯, 교육과정과 교과서 등을 중심으로 하는 학교 수업을 가장 중요하게 생각하고, 그다음에 필요하면 사교육의 영역에서 다양한 활동을 할 수도 있다. 그런데 학교 교육을 과소평가해 역사 시간에 자는 학생도 있다고 하니 안타까운 일이다. 학부모는 자녀가 학교 수업에 충실히 임하도록 지도할 필요가 있다. 공교육이 정상화되고 안정되어야 학생 개인도 나라도 안정될 수 있다. 학교 수업이 기본임을 명심하자.

역사 전공과 직업 선택

4장에서는 대학의 역사 관련 학과에는 어떤 것이 있고 구체적으로 어떤 공부를 하는지, 그리고 졸업 후에는 어떤 분야에서 일할 수 있는지 등에 대해 살펴보겠다.

대학에서 역사를 공부한다는 것

대학의 역사 관련 학과와 전공 중에서 가장 많은 관심을 받는 학과는 사범대학의 역사교육과다. 인문대학에는 사학과 또는 역사학부, 그와 유사한 이름의 역사 관련 학과들이 있다. 최근에는 공공역사학을 포함해 문화재 관리학, 박물관학, 문화 콘텐츠학 등 좀 더 실용적인 분야도 생겨났다.

우선, 사범대학의 역사교육과에 대해 살펴보자. 국공립대학교나 사립대학교의 사범대학에 속하는 역사교육과는 하나의 교과교육으로서 역사를 가르친다. 사범대학 역사교육과는 중등교육계, 즉 중학교와 고등학교에서 역사교육을 담당할 교사 및 역사와 역사교육 연구에 종사할 전문 연구자의 양성을 목적으로 한다. 그리고 한국사, 동양사, 서양사를 고대부터 현대에 이르기까지 상세하게 배운다.

역사교육과에서는 시대사, 분야사, 강독 수업을 통해 역사학을 깊이 있게 배운 뒤, 교과교육 과목들을 통해 중·고등학교에서 역사를 어떻게 잘 가르칠 것인가 등 역사 교수법에 대해 배운다. 역사 교과 이론 과목으로는 역사교육론, 국사와 세계사의 교재 연구 및 지도법이 있고, 교직 실무와 학교 현장 교생 실습 과목도 있다. 그리고 직접 역사 논문을 작성해 보는 세미나 형식의 과목을 수강하면서 역사 연구자로 성장할 기회를 경험하기도 한다.

사범대학 역사교육과를 졸업하면 중등학교 2급 정교사 자격증을 취득하고 중·고등학교에서 역사 교사가 될 수 있다. 인문대학 역사학부나 사학과 또는 교육대학원에서도 소정의 교직 과정을 이수하면 2급 정교사 자격증을 취득할 수 있다. 사범대학 역사교육과는 대체로 들어야 할 과목이 정해져 있다.

인문대학 역사학부 또는 사학과에서는 한국사, 동양사, 서양사를 시대별·분야별로 나누어 좀 더 심화된 내용을 배운다. 예를 들어, 중국의 민족 구성이나 북한에 대한 내용을 세부적으로 다루는 과목들도 있다. 특히 인문대학 역사학부나 사학과에서는 전문 역사 연구자로서 기본 소양을 갖추는 데 필요한 심화 과목들을 운영하고 있다.

앞에서 살펴보았듯이 인문대학 역사학부나 사학과 학생들도 교직 과목을 이수하면 교사 자격증을 받을 수 있다. 물론 그 규모는 제한적이지만 교사의 수급 상황에 맞춰 인문대학에서 교직 과목을 이수할 수 있는 인원수가 정해져 있다.

한편 문화재학과, 문화재 관리학과, 박물관학과는 좀 더 실용적인 학과라고 할 수 있다. 요즘에는 전통적인 역사의 범위를 넘어 '공공 역사public history'라는 학과도 있다. 역사 유물을 주로 다루는 문화재학과, 문화재 관리학과, 박물관학과는 역사 관련 서비스로서 공공 역사 전문가 양성을 목표로 한다. 공공 역사가는 박물관, 역사 연구기관, 기업, 공공기관, 도서관 등 아카이브archive에서 일하며 일반 대중을 대상으로 역사나 유물 관련 서비스를 제공한다.

그중 문화재학과는 전통문화재의 조사·연구·보존에 대한 교과 체계와 고고학·미술사·보존과학·박물관학 등 학제 간 융복합 교육을 통해 문화재 전문 인재 양성을 목표로 한다. 그리고 전통문화재를 연구하고 문화재를 중심으로 사회와 소통할 수 있는 실무 중심의 교육과정을 운영하고 있다. 가령 한국 고대 미술사, 유적유물의 기초 이해, 유기 문화재 재료 연구, 한국 조각사, 금속문화재 보존실습 등의 전공 교과목을 배운다. 이러한 교과목을 이수하기 위해서는 역사학, 고고학, 미술사학 등 각 관련 학문에 대한 융합적인 이해가 필요하다.

문화재 관리학과는 문화재 전문 인력 양성을 목적으로 문화재 보존 관리 및 보호 활용 분야에 필요한 이론과 실무 내용을 제공한다. 문화재 관리학과는 순수 인문학 중심의 일반 대학 문화재학과와 달리 변화하는 사회 환경 속에서 문화재의 현대적 가치를 발견하고 미래 지향적인 문화재 보존 및 활용 방안을 분석하는 학과다. 문화재 정책학, 문화재 행정학, 문화재 경영학에 대한 내용을 복합적으로 다루는데, 문화재 관리학과 전공 관련 자격증으로는 준학예사와 학예사 자격증이 있다. 그래서 문화재 관리학과 학생들은 졸업 후 국립문화재연구소 또는 국립박물관, 국립미술관 등에서 학예사나 큐레이터로 활동할 수 있다.

박물관학과는 국공립 및 사립 박물관의 관장이나 학예연구사, 문화예술 관련 공공기관인 문화재단 행정직과 문화예술기관의 문화예술 교육사 양성을 목적으로 설립되었다. 역사학에 대한 이해에서 나아가 박물관 전시에 대한 이해를 바탕으로 하는 교육과정을 제공하고 있다. 최근 박물관이 유물을 수집하고 연구, 보관, 전시하는 기관에서 교육기관으로 발전해 가고 있어 박물관학과도 많은 관심을 끌고 있다.

역사 전공자의 진로

역사 관련 학과 졸업생의 진로는 다양하다. 일단 학과의 목표와 관련해서 역사 교사, 전문 역사 연구자, 학예사, 문화재 해설사 등으로 활동할 수 있다. 그 외 언론이나 출판, 법조계 등 다양한 분야로 진출한다.

우선, 사범대학 학부 과정 또는 교육대학원의 석사 과정을 통해 중등학교 2급 역사 정교사 자격증을 취득하고 중학교와 고등학교에서 역사 교사로 근무하는 진로가 있다. 역사 교사는 학생들이 역사를 통해 다양한 관점에서 사고하고 세상을 더 넓게 보며 통찰력을 가진 사람으로 성장할 수 있게 한다.

역사교육과를 졸업하는 동시에 중등학교 2급 역사 정교사 자격증을 취득한다. 그러나 국공립 학교에서 교사로 활동하려면 임용 고사에 합격해야 하는데, 이 시험의 경쟁률이 매우 치열하다. 다른 과목도 마찬가지지만 역사 교사 선발 인원이 굉장히 줄어들고 있고, 우리나라의 출산율이 너무 낮아지면서 학령 인구도 줄어들어 점점 더 임용이 어려워지고 있다. 임용 고사를 통해 교사가 되는 일이 쉽지 않아 '임용 고시'라는 말도 있다.

임용 고사에 합격하지 못한다고 해서 교사가 될 수 없는 것은 아니다. 사립 중·고등학교에서도 별도의 시험을 통해 교사를 선발한다. 그리고 2급 역사 정교사 자격증을 가지고 현장에서 3-5년간 경험을 쌓으면 연수를 통해 1급 정교사 자격증을 취득할 수 있다. 예전에는 정규직 교사만 정교사 자격 연수를 신청할 수 있었는데, 최근에는 기간제 교사도 3-5년 현장 경력이 있으면 1급 정교사 자격증을 취득하는 연수에 응시할 수 있다.

두 번째 진로는 역사 전문 연구자인 교수, 연구원이 되는 것이다. 교수나 연구원이 되려면 국내나 해외에서 대학원 석·박사 과정에 입학해 석사 학위 또는 박사 학위를 받아야 한다. 먼저 대학원 석사 과정에 진학하면 연구 방법론을 습득하고 관련 사료의 해독 능력을 기르며, 자신이 흥미 있는 시대 영역의 주제에 따라 학위 논문을 발표하고, 3인 이상의 심사를 거쳐 통과하면 석사 학위를 받는다. 연구자로서 활동할 때는 학술 대회나 학회 세미나에서 전문적인 훈련을 받는다.

석사 학위를 받은 뒤 대학원 박사 과정을 수료하고 박사 학위 논문을 발표해 5인 이상의 심사를 거쳐 통과하면 박사 학위를 취득할 수 있다. 박사 학위를 취득한 뒤 대학에서 강사로 활동하다가 대학의 신임 교원 공채에 응모해서 공개 경쟁을 통해 선발되면 전임 교수가 되어 연구와 교육을 진행할 수 있다. 또는 역사 관련 연구소의 연구원으로서 자기 연구 역량을 계속 발전시켜 나갈 수도 있다.

세 번째 진로는 문화재학과, 문화재 관리학과, 박물관학과 졸업 후 학예사 또는 문화재 해설사로 활동하는 것이다. 학예사나 문화재 해설사는 각급 박물관의 선시나 기획 업무 등을 전문적으로 수행한다. 관람객들이 유물에 관한 전문적인 지식은 물론 전시 의도를 잘 파악할 수 있도록 전시를 기획하고 안내한다.

박물관 학예사는 박물관에 보관된 각종 유물과 표본 사료 문헌을 수집·정리·보존하고 전시회를 개최하며 유물·유적 발굴 조사 업무를 담당한다. 그리고 준학예사로서 일정 기간 현장에서 경력을 쌓으면 학예사 자격증을 취득할 수 있다. 승급을 위해 준학예사는 준학예사 자격시험에 합격하고 경력 인정 대상 기관에서 소정의 실무 경력을 갖춰야 한다. 그래서 학사는 1년, 전문학사는 3년, 기타는 5년 이상 일해 준학예사로서 충분한 경험을 쌓으면 학예사에 응시할 수 있다.

3급 정학예사는 박물관 또는 미술관 관련 분야의 석·박사 학위 취득자 또는 준학예사로서 소정의 경력을 갖춰야 한다. 2급 정학예사는 3급 정학예사로서 경력 5년 이상, 1급 정학예사는 2급 정학예사로서 경력 2년 이상, 경력 인정 대상 기관에서 7년 이상의 자격을 갖춰야 한다.

네 번째 진로는 학부에서 배운 역사 지식을 바탕으로 언론계나 출판계, 정계, 법조계로 진출하는 것이다. 로스쿨에 진학해 법조인이 되거나 외무 고시, 행정 고시를 통해 공무원이 되기도 한다. 기자 등 언론인이 되는 경우도 있다.

이처럼 역사 관련 학과 졸업생의 진로는 다양하게 열려 있다. 개인의 능력과 관심 분야에 따라 필요한 구체적인 준비를 하면 된다.

5장

단계별 역사교육

5장에서는 학교급에 따른 역사교육의 단계와 방법, 그리고 인물사·정치사·문화사 학습의 주요 주제에 대해 알아본 뒤, 단계별 심화학습 방법에 대해 살펴보겠다.

역사교육의 단계

초·중등학교에 따른 역사교육의 단계나 방법이 따로 있을까? 역사교육에는 수학처럼 어떤 개념을 배운 뒤 다음 개념을 배워야 하는 정해진 단계는 없다. 그러나 각 학교급에 속한 학생들의 인지능력과 심리적 발달 정도에 차이가 있기 때문에 초등학교, 중학교, 고등학교로 올라감에 따라 역사교육의 내용과 방식이 달라질 수는 있다. 학생들의 발달 정도에 따라 역사를 이해하는 방식이 달라지고 역사학습의 내용이 방대하기 때문에 모든 학년에서 동일한 내용을 가르치지는 않는다. 같은 주제라도 초등학교에서 학습한 역사 내용과 지식을 바탕으로 중학교에서는 더 심화된 학습을 한다.

이처럼 역사교육에서 선행 학습 내용을 기초로 다음 단계에서는 깊이와 넓이를 더해 가도록 체계화하는 것을 '역사학습의 계열화'라고 한다. 학교급별 교육 내용을 계열화하고 단계마다 적절한 수업 방법을 모색하는 일은 역사교육의 한 가지 방법이다. 역사학습 계열화 방안 중에서 한국사 학습의 예를 들어 보자. 한국사 교육에서는 학교급에 따른 내용의 단순한 반복을 피하기 위해 학습 내용을 차별화 혹은 계열화하기도 한다. 그래서 초등학교는 인물사와 생활사, 중학교는 정치사, 고등학교는 문화사 중심으로 영역을 분류하여 교육하고 있다. 초등학교에서는 무조건 인물사와 생활사만 배우고 중학교에서는 정치사만, 고등학교에서는 문화사만 공부한다는 뜻이 아니라, 해당 부분에 강조점을 두어 교육한다는 의미다.

초등학교의 인물사 학습

먼저 초등학교 한국사 교육을 살펴보자. 초등학교에서 역사교육을 주로 인물 중심으로 하는 이유는 처음으로 역사를 접하는 초등학생에게 인물과 관련된 옛이야기를 들려줌으로써 역사학습에 흥미를 붙이게 하기 위해서다. 인물 학습은 인물을 중심으로 역사를 이해하는 방법으로, 역사적 인물을 중심에 두고 역사를 탐구하는 것이다. 이러한 접근을 통해 과거에 살았던 인물의 삶이나 고뇌, 업적, 인물이 지닌 도덕적·윤리적 가치관이나 인생관 등을 파악하고 각자 롤 모델을 발견하며 바람직한 가치관이나 인생관 등에 대해 배우도록 한다. 나아가 인물을 통해 당시 사람들의 세계관이나 시대 문화를 이해할 수 있도록 한다. 생활사도 '과거 사람들이 어떻게 살았을까?'에 초점을 맞춤으로써 어린 학생들이 역사를 더 가까이 느낄 수 있게 한다.

역사적 인물을 되살려 생생한 목소리와 움직임을 보여 주는 인물사 학습은 초등학생들에게 역사에 대한 흥미와 관심을 가질 수 있게 한다. 예를 들어, 우리 역사에서 삼국 항쟁기는 학생들이 매우 흥미를 갖는 시대다. 삼국 항쟁기에는 우리나라 역사의 이정표를 만들어 낸 영웅도 있고, 고향에 처자식과 노모를 남겨 두고 전장에 나가 이름 없이 사라진 민중도 있었다. 역사는 바로 그들이 살아온 삶의 발자취다. 자신이 삼국 항쟁기에 전쟁터로 나가는 장군이나 병사, 연개소문이나 김춘추가 된다면 그 상황에서 어떻게 했을지 상상해 보기 등의 글쓰기 활동을 통해 역사를 처음 배워 낯설게 느끼는 초등학생에게 당시 역사적 배경과 상황을 곰곰이 생각해 볼 수 있게 한다. 즉, 자신이 직접 역사의 한 인물이 되어 당시 사람들이 처했던 상황을 생각해 보고 그들의 심정을 이해하도록 하는 것이다.

초등학교 한국사 교육에서는 생활사도 강조한다. "옛날 어린이들은 어떻게 살았을까?"라는 질문에 아동의 관점에서 답하게 함으로써 역사학습에 대한 흥미를 유발하고 역사가 자신의 삶과 밀접하게 연관되어 있음을 깨닫게 한다. 가령 일제강점기의 주요 사건들을 아는 것도 중요하지만 '일제강점기 어린이들은 어떤 모습으로 살았을까? 학교에 다닐 수 있었을까?' 또는 '학교에서 배우는 내용은 오늘날과 얼마나 달랐을까?'라는 탐구 주제를 제시함으로써 일제강점기의 분위기, 교육과 문화 정책 등이 당시 생활에 얼마나 깊숙이 영향을 미쳤는지 피부로 느낄 수 있게 한다. 그러면 어린이의 생활 모습 또한 역사가 될 수 있다고 생각하면서 역사학습에 적극적으로 참여하게 된다.

중학교의 정치사 학습

중학교에서의 한국사 교육은 정치사 중심으로 이루어진다. 한국사의 전체적인 흐름을 파악하고 초등학교나 고등학교의 역사교육과 차별성을 두기 위해 정치사 중심으로 가르친다. 그래서 고대부터 삼국 시대, 고려 시대, 조선 시대 식으로 전근대 사회를 통사로 가르친다. 정치적 사건이 사회 여러 분야에 영향을 미치기 때문에 정치사를 통해 해당 사회의 전반적인 모습을 이해하려는 것이다.

예를 들어 학생들은 고려의 건국과 정치 변화를 연대기순으로 학습하고, 고려의 대외 관계 및 교류, 몽골의 간섭에 따른 고려 사회의 변화, 공민왕의 개혁 등을 정치적 사건 중심으로 배운다. 그 후 고려 시대의 전반적인 생활 모습과 문화유산 등을 학습한다. 즉, 정치적 사건들이 어떻게 연속해서 일어났는지, 당시 사회에 어떤 변화가 나타났는지 학습한다.

고등학교의 문화사 학습

고등학교 한국사 교육에서는 대외 관계사나 문화사 등을 강조한다. 고등학교 역사 수업에서도 고려의 역사를 배우는데, 중학교 때 학습한 내용과 크게 다르지 않다. 다만 고등학교에서는 고려의 정치 변화를 배우면서 고려 시대 통치 체제의 성립과 변화를 국제 질서의 변동과 연관 지어 설명할 수 있도록 교육한다. 무신들의 권력 장악과 몽골의 침입, 원 간섭기 고려 통치 체제의 변화와 같은 주제를 다룬다는 점에서는 중학교 역사 수업과 동일하지만, 고등학교 단계에서는 대외 관계사를 좀 더 심화하여 다루고, 특히 고려 사회와 사상 측면에서 더 심도 있게 탐구한다. 이와 같이 대외 관계나 사상 등을 좀 더 깊이 다루는 것은 고려의 시대상과 당시 사람들이 숨 쉬었던 문화를 더욱 전반적이고 종합적으로 이해하는 안목을 갖추게 하기 위함이다. 고등학교 단계의 문화사 학습은 단순히 문화 현상에 대한 지식을 습득하는 것이 아니라, 각 시대의 사회적·경제적·정치적 여건을 바탕으로 문화를 이해하도록 하는 것이다.

단계별 심화학습 방법

이제 같은 주제에 대해 학교급별로 어떻게 심화 학습하는지 살펴보겠다. 동일한 역사적 사실이나 주제를 학습하지만 역사의 특성과 학습자의 이해 수준을 고려해서 학교 단계별로 접근 방법을 달리할 수 있다. '단군 신화와 고조선'이라는 주제를 예로 들어 보자.

초등학교 단계에서 단군 신화와 고조선을 배운다면 먼저 단군 신화의 내용을 정확히 이야기해 보게 할 수 있다. 그러고 나서 외국의 신화와 비교해 공통점과 차이점을 찾아본다. 이를 통해 초등학생들에게 옛날 사람들의 생각이 오늘날 사람들의 생각과 어떻게 다른지 깨닫게 한다.

중학교에서는 단군 신화를 선사 시대와 역사 시대의 다리로 인식하고, 국가의 성립과 건국 신화의 관련성을 이해하도록 하는 방식을 취할 수 있다. 신화의 진위 여부를 판단해 볼 수도 있다. 이를 바탕으로 중학교 단계에서는 건국 신화가 국가 성립 당시 시대 상황을 반영한다는 점을 깨닫게 한다.

고등학교에서는 신화를 더 깊이 탐구하며 해석하고 신화의 상징을 파악하는 역사 수업을 할 수 있다. 고등학교 단계에서는 더 추상적인 개념을 이해할 수 있으므로 신화에 담긴 고대 사람들의 자연관과 우주관을 이해해 보도록 이끌 수 있다. 고등학생은 신화가 무수한 상징들로 이루어져 있다는 점을 인식할 수 있다. 나아가 단군 신화가 현대에 어떤 의미를 지니는지 살펴봄으로써 오늘날 우리에게 단군이 어떤 의미인지 고찰해 볼 수 있다.

역사 수업에서 다루는 주제가 모든 학교급에서 동일하게 제시되더라도 학교급에 따라 심화 학습을 할 수 있다. 역사 수업은 학생들의 역사 이해를 도모하기 위해 다양한 활동을 진행한다. 역사 신문 만들기를 예로 들어 보자.

역사 신문 만들기는 학생들이 당시 사건 상황을 재구성해 본다는 측면에서 특히 유용한 활동 방식이다. 학생들은 과거의 관점에서 기사를 작성해 봄으로써 역사 교과의 특징적 이해 방식인 역사적 감정 이입을 생동감 있게 실천할 수 있다. 초등학생은 역사 신문 만들기에 흥미와 호기심이 있더라도 선행 지식이나 자료를 분석하는 능력이 부족하기 때문에 사료를 활용해서 시대상을 감정 이입적으로 재구성하는 과정을 완전히 수행하기 어려울 수 있다. 그래서 초등학교에서는 신문을 만들기 전에 해당 시대에 관한 사전 학습이 충분히 이루어져야 한다. 따라서 역사학습을 충분히 한 다음에 역사 신문 제작 활동에 들어간다.

우선, 현재와 다른 과거의 모습을 다룬 주제를 선택한다. 짧은

◆ 역사 신문 만들기(초등학교 고학년)

① 주제 및 기사 형태
- 현재와 다른 과거의 모습을 다룬 주제를 선택한다.
- 짧은 시기의 과거 모습을 다양하게 담을 수 있는 주제를 선택한다.
- 교재와 자료의 내용을 토대로 사진 대신 그림을 그려 넣을 수 있다.
- 중요한 사건이나 인물의 행동을 전달하는 기사를 작성할 수 있다.
- 중요한 행동을 한 인물을 인터뷰하는 기사를 작성할 수 있다.
- 단기적으로 이루어진 사건의 진행 과정을 정리하고, 그 영향을 전달하는 기사를 작성할 수 있다.

② 자료 조사 및 분석 활동
- 교사 주도로 자료를 읽는 연습을 한다.
- 교사가 제시한 자료에서 기사와 관련 있는 정보를 찾는다.

③ 기사 쓰기
- 교재 내용이나 교사가 제공한 자료를 다양한 기사 형식으로 바꾸어 쓰는 연습을 한다.
- 친구들과 비교하며 자신의 글에서 부족한 부분을 고쳐 쓴다.

시기의 과거 모습을 다양하게 담을 수 있는 주제를 선택하는 것이 좋다. 교재와 자료 내용을 토대로 사진 대신 그림을 그려 넣을 수도 있다. 어린이들은 그림 그리기를 매우 좋아하기 때문에 이러한 활동도 많이 사용된다. 중요한 사건이나 인물의 행동을 전달하는 기사를 작성하면 된다.

중요한 행동을 한 인물을 인터뷰하는 기사를 작성할 수도 있고,

단기적인 사건의 진행 과정을 정리하고 영향을 전달하는 기사를 작성할 수도 있다. 자료 조사 및 분석 활동이 중요한데, 초등학교에서는 교사 주도로 자료를 읽는 연습을 한다. 학생들이 자료를 직접 찾아서 읽는 것은 한계가 있기 때문에 교사가 제시한 자료에서 기사와 관련 있는 정보를 찾게 하는 것이다. 기사 쓰기에 들어가면 교재 내용이나 교사가 제공한 자료를 바탕으로 다양한 기사 형식으로 바꾸어 쓰는 연습을 하게 한다. 그리고 쓴 것을 친구들과 비교하며 자신의 글에서 부족한 부분을 고쳐 쓰게 한다. 대개 초등학교 고학년에게 적용되는 활동이다. 역사 신문의 한 주제를 가지고 본인이 마치 신문 기자가 된 것처럼 기사를 쓰면 학생들은 그 시대로 돌아가서 당시의 분위기를 훨씬 깊이 있고 사실적으로 이해하게 된다.

중학교에서도 역사 신문 만들기 활동 수업을 많이 한다. 중학생을 대상으로 하는 역사 신문 제작 수업에서는 좀 더 긴 시기를 대상으로 할 수 있다. 예를 들어, 세종 시대 또는 개항기와 같이 많은 사건이 일어난 시기를 선택할 수 있다. 학생들이 해당 시기의 사회 상황을 과거의 맥락 속에서 이해하며 역사적 사실을 구체적인 기사로 담아내는 것이다.

중학교에서는 초등학교보다 더 복잡하고 다양한 수준의 주제를 신문에 담을 수 있다. 예를 들어 동학 농민 운동을 주요 사건으로 하는 역사 신문을 제작한다면, 당시 신분제의 모순 또는 토지 제도와 농민의 생활상, 일본의 경제적 침투, 고부 농민 봉기 등 동학 농민 운

◆ 역사 신문 만들기(중학교)

① 주제 및 기사 형태
- 비교적 장기간에 걸친 사건의 진행 과정을 일지 형식으로 보고하는 기사를 쓸 수 있다.
- 특정한 사건의 원인을 다양하게 분석하는 기사를 쓸 수 있다.
- 사건 현장에서 분위기를 전달하는 형식의 기사를 쓸 수 있다.
- 사건 현장에서 관계자를 인터뷰하는 형식의 기사를 쓸 수 있다.
- 특정한 사건에 대해 서로 다른 견해를 가진 집단의 의견을 정리해 전달하는 기사를 쓸 수 있다.
- 사실을 전달하거나 풍자하는 만화를 그릴 수 있다.

② 자료 조사 및 분석 활동
- 다양한 자료에서 신문 기사와 관련된 정보를 찾아 정리할 수 있다.
- 과거 인물의 입장을 뒷받침하거나 그에 반대되는 증거를 찾을 수 있다.
- 사건이 일어난 맥락을 뒷받침하는 증거를 정리할 수 있다.

③ 기사 쓰기
- 육하원칙에 의거하여 조건을 갖춘 기사를 작성할 수 있다.
- 교재와 사료를 토대로 기사를 작성할 수 있다.

동의 배경이 되는 여러 수준의 주제를 다룰 수 있다. 이렇게 중학교에서는 좀 더 복잡한 활동을 수행함으로써 역사적 감정 이입 능력을 심화할 수 있다.

중학교에서는 비교적 장기간에 걸친 사건의 진행 과정을 일지 형식으로 보고하는 식으로 기사를 쓸 수 있다. 기사를 통해 어떤 중요한 사건들이 연대순으로 어떻게 일어나고, 어떻게 진행되어 어떤 영향을 미쳤는지 알 수 있어야 한다. 또한 특정한 사건의 원인을 자세히 조사해 다양하게 분석하는 기사나 사건 현장 분위기를 전달하는 형식의 기사도 쓸 수 있다. 사건이 일어났을 때 그것과 관련된 다른 사건 또는 사건을 보는 다양한 사람들의 반응을 기사화할 수도 있다. 사건 현장에서 관계자를 인터뷰하는 형식의 기사를 쓸 수도 있다. 기자들이 사건을 좀 더 생생하게 전하기 위해 현장에 있는 사람들을 인터뷰하는 것과 같다. 특정 사건에 대해 서로 다른 견해를 가진 집단의 의견을 비교·정리하는 기사도 쓸 수 있다. 어떤 일이든 모든 사람이 똑같이 생각하지는 않기 때문이다. 사건에 대한 사실을 전달하거나 풍자 만화를 그릴 수도 있다. 이처럼 다양한 주제로 역사 신문의 기사를 쓸 수 있다.

기사를 쓰기 위해서는 다양한 자료 조사와 분석 활동이 필요하다. 과거 인물의 입장을 뒷받침하거나 그에 반대되는 증거를 찾을 수도 있고, 사건의 맥락을 뒷받침할 만한 증거를 정리할 수도 있다. 그리고 교재와 사료를 토대로 기사를 작성할 때는 반드시 어디에 근거했는지 출처를 분명히 밝히고, 사기 의견이 분명히 나타나도록 써야 한다.

고등학생도 역사 신문을 만들 수 있다. 고등학교에서의 역사 신문 제작 수업은 중학교 때 다룬 기사 형태를 기본으로 하면서 역사적 행위자와 사건이 벌어진 상황에 대해 좀 더 감정 이입해서 기사를

◆ 역사 신문 만들기(고등학교)

① 주제 및 기사 형태
- 국내외 상황을 모두 고려해 사건의 원인과 발생 배경을 전달하는 기사를 쓸 수 있다.
- 사건에 대해 서로 다른 입장을 가진 행위자들을 인터뷰하는 기사를 쓸 수 있다.
- 국가의 중요한 정책 결정에 대한 토론 내용을 기사로 쓸 수 있다.
- 논설 또는 세태 진단 기사를 쓸 수 있다.
- 당대 사람의 입장에서 세태를 풍자하는 만화를 그릴 수 있다.

② 자료 조사 및 분석 활동
- 주요 행위자의 입장을 뒷받침하거나 반대되는 증거를 찾을 수 있다.
- 사건이 일어난 맥락을 뒷받침하는 증거를 국내외로 나누어 정리할 수 있다.

③ 기사 쓰기
- 육하원칙에 의거하여 조건을 갖춘 기사를 작성할 수 있다.
- 교재와 사료를 토대로 기사를 작성할 수 있다.

구성해 보도록 할 수 있다. 특히 고등학교에서는 학생의 역사 해석이 좀 더 가미된 유형의 기사를 쓸 수 있다. 대표적인 예로 논설 기사를 들 수 있다. 논설 기사는 해당 시기에 대해 전반적인 안목을 갖추고 써야 하기 때문에 더욱 추상적으로 사고하는 고등학교 단계에서 가능할 것이다.

주제와 기사 형태 면에서는 국내외 상황을 모두 고려해 사건의 원인과 발생 배경을 전달하는 기사를 쓸 수 있다. 사건에 대해 서로 다른 입장을 가진 행위자를 인터뷰하는 기사를 쓸 수도 있고, 국가의 중요한 정책 결정에 대해 토론하는 기사를 쓸 수도 있다. 세태를 진단하는 기사를 쓸 수도 있고, 당대 사람의 입장에서 세태를 풍자하는 만화를 그릴 수도 있다.

자료 조사와 분석 활동에서는, 우선 주요 행위자의 입장을 뒷받침하거나 반대되는 증거를 찾아야 한다. 그래서 어떤 사건에 대해 서로 다른 생각, 충돌하는 내용이 있을 경우에는 뒷받침하는 자료들도 같이 제시해야 한다. 또 사건이 일어난 맥락을 뒷받침하는 증거를 국내외로 나누어 정리할 수 있어야 한다.

기사를 쓸 때는 육하원칙에 의거해서 조건을 갖추어 작성해야 한다. 교재와 사료를 토대로 기사를 작성할 수도 있다. 고등학생 수준에서 쓰는 기사는 사료 근거를 훨씬 더 정확하게 제시하는 내용으로 구성되어야 한다. 이렇게 학교급에 따라서 같은 주제라도 여러 가지 방식으로 심화해서 배울 수 있다.

6장
한국사와 세계사, 통합교육이 필요하다

6장에서는 역사교육 체제의 문제점에 대해 알아보고 한국사와 세계사 통합교육의 필요성을 살펴본 뒤 한국사와 세계사 중 어느 과목을 먼저 공부하는 것이 좋은지 알아보겠다.

역사교육 체제의 문제

초·중·고등학교에서 역사 교사들은 학생이나 학부모로부터 여러 가지 질문을 받는다. 중학교에 진학한 학생이나 학부모들이 제일 많이 하는 질문은 "한국사와 세계사 중에서 어느 것을 먼저 공부해야 하나요?"이다. 2023년 현재 중학교 역사교육은 2학년 때 세계사를 배우고 3학년 때 한국사를 배우도록 되어 있기 때문이다.

요즘 학부모들은 중학교부터, 빠른 경우에는 초등학교, 심지어 유치원기부터 대학 입시를 위한 선행 학습을 시킨다. 그래서 중학교

1학년 때는 중학교 2학년 때 배울 세계사를 먼저 공부하고, 중학교 3학년 때 한국사가 나오면 그때 세계사와 한국사를 같이 공부해야 하는지 묻곤 한단다. 중학생 학부모들이 한국사와 세계사를 같이 가르쳐야 하는지, 아니면 교육과정대로 세계사를 먼저 가르치고 한국사를 가르쳐야 하는지 고민하는 것이 충분히 이해된다.

현재 중학교 교육과정대로 2학년 때 세계사를 먼저 배우고 3학년 때 한국사를 배우면서 생기는 문제가 있다. 구체적으로 공부하다 보면 부닥치는 현실적인 문제다. "한국사는 나름대로 공부할 수 있는데, 세계사는 너무 광범위해서 어디부터 파고들어야 할지 잘 모르겠다. 특히 서양사 부분은 지명이나 인명, 개념도 어렵고 서로 복잡하게 얽혀 있어 점점 더 짜증 난다."라는 불만의 목소리가 들린다. 또한 '지금껏 역사에 흥미를 느끼면서 나름 괜찮은 성적을 유지하고 있었는데, 중학교에 오니 오히려 역사에 대한 흥미가 떨어지고, 흥미가 없으니 성적도 낮지 않을까?'라고 걱정하는 사람도 있다. '그동안 역사는 실타래처럼 얽혀 있다는 생각을 많이 했는데 세계사를 먼저 공부하다 보니 이 말을 더욱 실감하게 된다. 한국사는 우리나라의 역사이고 초등학교에서도 배워 그나마 조금 낫지만 처음 대하는 세계사는 이해가 잘 안 되어 한숨만 나온다. 어떻게 하면 세계사에 대한 흥미를 잃지 않고 즐겁게 공부할 수 있을까?' 하고 고민하는 사람도 있다. 학생이든 학부모든 누구나 가질 수 있는 너무나 정상적인 고민이다. 사실 우리나라 중·고등학생들은 역사공부와 관련해서 많은 어려움을 겪고 있다.

앞에서 보았듯이, 한국사는 대학수학능력시험에서 공통 필수 과목이다. 고등학교 1학년 때 한국사를 공통으로 이수하게 되어 있는데, 수능시험은 3학년 2학기 때 본다. 1학년 때 한국사를 공부하고 1년 지나 수능시험을 보기 위해 다시 공부해야 하는 상황이다.

또 세계사 선택률이 너무 낮아 대부분의 고등학생이 세계사를 거의 배우지 않고 필수 과목인 한국사를 공부하는데, 근현대사로 오면 세계사적 배경이 충분하지 않을 경우 이해하기 힘든 사건이 많이 발생한다. 고등학교에서 한국사는 공통 필수 과목이고 세계사는 선택 과목으로 분리되어 있는데, 세계사를 거의 선택하지 않아 역사에 대한 균형 있는 이해가 이루어지지 못하게 된다. 이것이 역사교육 현장에서 학생들이 힘들어하는 근본 원인 중 하나라고 할 수 있다. 문제는 근현대사 위주로 되어 있는 고등학교 한국사와 점점 더 낮아지는 세계사나 동아시아사 수업과 수능 과목 선택률이 쉽게 변할 것 같지 않다는 것이다.

이런 상황을 고려하면, 초등학교나 중학교 때 역사공부에 많이 투자하는 게 좋다. 부모 중에는 고등학교에 가면 국어·영어·수학 등 중요한 과목에 집중해야 하니 초등학교나 중학교 때 역사공부를 조금 해놓으면 도움이 될 거라고 생각하는 사람도 있다. 그래서 초등학교 때부터 학원을 보낸다. 학원 밀집 지역에서는 초등학교 때부터 한국사의 기본 틀을 잡고 중학교 때 역사공부를 거의 끝내야 고등학교에서 주요 과목인 국영수에 집중할 수 있다고들 한다.

한국사 능력 검정시험에 응시하는 초등학생과 중학생의 수가 크게 증가하고 있다는 말도 들린다. 고등학교 때 한국사를 세세하게 짚어 볼 여건이 안 되기 때문에 초등학교와 중학교 때 역사공부에 투자하는 것이 현명하다고 판단해 이런 현상이 벌어지는 것이다.

중학교 역사교육에 대해 다시 한번 짚어 보면, 중학교는 역사 1, 역사 2로 나뉘어 있다. 중학교 역사 1은 세계사로, 중학교 역사 2는 한국사로 구성되어 있다. 특히 한국사는 우리 역사이고, 초등학교 5, 6학년 때 배우는 한국사가 인물사, 생활사 중심으로 편성되어 있으며, 이들 주제는 TV 드라마나 영화에서도 자주 다루어 학생들의 이해나 관심이 세계사보다 더 높다. 그럼에도 불구하고 한국사를 어려워하는 것이 현실이다. 학생들이 한국사를 고대부터 현대까지 전체적인 흐름을 잡으면서 체계적으로 심도 있게 공부한 적이 없기 때문이다.

세계사는 중학교 2학년 때 처음 배우는데 고대부터 현대까지 전개된다. 그런데 세계사 교육에서 많은 문제점이 지적되어 왔다. 중학교까지는 공통 교육과정 체제다. 2023년 현재 2015 교육과정이 운영되고 있는데, 그전까지 세계사는 중학 사회 교과서의 한 부분으로 다루어지다가, 2011 교육과정에서 중학 역사 교과서 앞부분은 한국사, 뒷부분은 세계사로 재편되었다.

그런데 현행 2015 교육과정에서 2학년 중학 역사 1은 세계사만, 3학년 중학 역사 2는 한국사만 가르치고 있다. 2011 교육과정에서 뒤에 배치되어 다소 소홀했던 세계사 교육을 강화해야 한다는 생각이 반영된 결과다. 하지만 2학년 때 세계사를 먼저 배우다 보니 이를 어려운 과목으로 인식하고, 한국사는 초등학교에서 배우고 3년 뒤에 다시 배우다 보니 연계가 안 되어 이래저래 어려운 상황이 되고 말았다.

통합교육의 필요성

또 다른 문제는 세계사와 한국사를 별도의 교과서로 가르치는 데서 발생한다. 유라시아 대륙 동쪽 끝에 있는 반도 국가인 우리나라의 역사는 중국이나 일본, 러시아 등 주변 강대국들의 틈바구니에서 전개되어 왔다. 즉, 우리나라는 주변 여러 나라와의 교류와 침입, 저항 속에서 발전해 왔다. 따라서 역사교육은 21세기를 살아가는 학생들이 세계사적 배경 속에서 전개된 우리나라의 역사를 잘 이해할 수 있도록 진행되어야 하는데, 그동안의 교육 체제에서는 그런 점이 부족했다는 지적이 나오고 있다. 이런 문제를 해결하기 위해서는 한국사와 세계사를 통합한 역사교육이 꼭 필요하다. 그 이유에 대해 자세히 살펴보겠다.

　첫째, 한국사를 정확히 이해하기 위해서는 세계사와의 연결 또는 배경에 대한 충분한 이해가 필요하다. 한국사를 이해하는 데 늘 세계사가 아주 유의미한 배경으로 작용했기 때문이다. 세계사적 흐름, 가깝게는 동아시아사적 배경 틀에서 한국사를 봐야 더 깊이 있게 이해할 수 있다. 특히 19세기 말에는 '서세동점'이라고 표현하는, 강력하게 밀려오는 서양 문물의 힘에 압도되면서 아시아의 많은 나라가 그 영향을 받을 수밖에 없었다.

　우리나라도 예외가 아니어서, 당시 많은 격변을 경험했다. 19세기 말 이러한 서세동점의 거대한 세계사 흐름에서 우리가 어떻게 살아왔는지, 그리고 19세기 말부터 20세기 초까지 일본의 침입에 시달리다가 마침내 1910년 일제에 의해 강제 병합되어 국권을 상실하는 수치를 당한 당시 세계사적 상황과 그것이 우리에게 어떤 영향을 미쳤는지 아는 것은 중요하다. 또한 1945년 해방 직후 남북 분단, 그리고 이어진 1950년의 6·25전쟁 역시 마찬가지다. 19세기부터 20세기에 전개된 우리의 근현대사는 동아시아의 맥락에서, 더 나아가 세계사의 거대한 흐름에서 봐야 한다. 이런 사건들은 한국사만의 좁은 틀 안에서는 제대로 이해할 수 없다. 21세기 세계화 시대에는 한국사와 세계사를 별도로 가르치기보다 한국사를 세계사의 맥락 속에서, 특히 세계사가 한국사에 어떤 영향을 끼쳤는지 이해할 수 있도록 가르쳐야 한다.

　둘째, 세계사와 한국 사회의 시간적·공간적 공유성과 상대성을 이해해야 한다. 고대부터 현대까지 우리나라 역사가 고립되어 독립적으로 전개된 것은 아니다. 이미 고대부터 중국 등 다른 나라와 전쟁을 통해서든 문화적 교류를 통해서든 영향을 주고받으며 살아왔다. 그렇기 때문에 다른 나라와의 관계와 연관 지어 한국사를 가르칠 필요가 있다. 그러면 동아시아에서 우리나라가 오늘날과 같이 발전한 이유를 충분히 이해할 수 있을 것이다.

셋째, 우리 자신과 역사에 대한 정체성을 인식하는 동시에 타인과 다른 나라의 역사에 대한 심도 있는 이해가 필요하다. 우리의 역사만 중요하고 다른 나라의 역사는 중요하지 않다고 볼 수는 없다. 우리의 정체성을 분명히 하려면 다른 나라 사람들에 대해서도 제대로 이해해야 한다. 타인을 아는 것은 자기 확립과도 연결되므로 비교사적 관점의 역사교육이 필요하다. 우리나라가 주변 여러 나라의 틈바구니에서 어떻게 오늘날과 같이 발전해 왔는지 얘기할 때는 항상 주변 나라의 역사도 같이 고찰하고 그에 더해 세계사적 맥락에서 우리나라의 역사를 봐야 한다.

넷째, 건전하고 성숙한 자의식, 동포애와 애국심을 가진 국민을 육성한다는 역사교육의 목표를 실현하기 위해서다. 지역적인 개별 역사를 인류 공동체를 다루는 보편사와의 관계에서 확인하고 국가의 역사를 세계사적 시각에서 고찰할 때 비로소 역사교육의 목표가 제대로 실현된다.

역사교육은 올바른 사실 파악과 명확한 사고의 틀에 따라 인류 공동체와 세계사의 맥락에서 이루어지는 것이 바람직하다. 주변 국가와 서로 교류하고 소통하면서 살아야 정치, 경제, 사회, 문화 모든 것이 안정화될 수 있다. 그런 측면에서 역사교육은 인류 공동체 세계사라는 거대한 맥락 속에서 우리의 역사를 보는 눈을 길러 줘야 한다.

다섯째, 합리적 판단 능력을 가진 시민을 육성하기 위해서다. 21세기 세계화 시대를 살아가려면 인류 공동의 생존과 번영을 위해 노력해야 한다. 이렇게 하려면 자국의 이익만 극대화하는 자국 중심주의 사고는 바람직하지 않다. 따라서 학생들에게 합리적인 세계관과 역사관을 갖도록 해야 한다.

여섯째, 국제 사회에서 능동적으로 살아갈 수 있는 국제인 혹은 세계인으로서의 자질과 능력을 육성하기 위해서다. 세계의 보편 질서와 조화를 이루기 위해서는 역사교육에서 세계인의 보편 가치를 과감하게 수용하고 내면화해서 세계인과 더불어 살아가는 지혜를 배우고 공유해야 한다. 종교나 사상의 차이로 인한 한 사회 안의 갈등뿐 아니라 주변국과도 갈등이 생길 수 있다. 그러나 현대를 살아가는 우리는 세계인이라는 보편적 가치를 공유하고, 우리나라가 세계의 일원이라고 인식해야 한다.

역사교육에서 한국사와 세계사의 통합교육이 당연하지만, 사실 그에 대한 심도 있는 연구가 아직 나와 있지 않다. 이런 부분에서 우리보다 조금 앞선 나라들에서는 자국사와 타국사 또는 세계사를 관련 지어 학습하도록 하는 역사 교과서들이 이미 나오고 있다. 다른 나라는 세계사와 자국사의 통합 학습을 어떻게 시행하고 있는지 일본과 영국의 경우를 예로 들어 알아보자.

일본의 중등 역사교육은 자국사의 이해에 중점을 두고 세계사와의 관련성을 강조하여 교과서를 구성하고 있다. 우리나라와 거의 비슷하게 일본사와 세계사를 구별해 놓고, 양쪽을 관련짓는 형식이다. 그러나 우리보다는 좀 더 의식적으로 일본사와 세계사 양쪽을 관련지어 구성하려 애쓰고 있다. 앞서 강조했듯이 세계사와 자국사의 통합교육이 필요한데, 이 문제에 관한 한 일본도 우리 상황과 크게 다르지는 않다.

그렇다면 영국의 경우는 어떠한가? 영국도 우리나라처럼 국가가 규정한 교육과정에 따라 역사교육을 한다. 영국사를 중시하면서도 형식적으로는 자국사와 세계사를 구분하지 않고, 영국사를 중심으로 세계사를 시대순으로 가르치고 있다.

사실 유럽의 역사는 자기 나라의 역사만 떼어서 가르치기가 쉽지 않다. 유럽 문명의 공동 배경하에서 각 나라가 발전해 왔기 때문에 "영국만 아는 사람은 영국을 모른다."라는 말처럼 영국사 중심으로 하면서도 외국사를 포함해서 시대성을 파악해야 한다는 인식이 확고하다. 이런 영국의 역사 교육과정이나 교과서를 참고해 세계사와 한국사의 통합 가능성을 연구해 볼 필요가 있다.

우리나라나 일본의 역사 교과서는 통사적으로 구성되어 있는데, 영국의 역사 교과서는 주제사 중심으로 구성되어 있다는 점도 참고할 필요가 있겠다.

한국사와 세계사, 어느 것을 먼저 공부해야 할까?

그렇다면 한국사와 세계사 중 어느 과목을 먼저 공부해야 할까? 현재 중학교에서는 세계사가 2학년에, 한국사가 3학년에 배치되어 있다. 고등학교에서는 1학년 때 한국사가 공통 필수 과목으로, 2학년부터 세계사와 동아시아사가 선택 과목으로 되어 있다. 학교 교육에 일관성이 없다. 중학교에서는 공통으로 다 배우지만 세계사를 먼저 배운 다음에 한국사를 배우는 반면, 고등학교에서는 한국사를 먼저 배우고 세계사를 배운다. 문제는 고등학교에서 1학년 때 한국사를 공통으로 배우는데 2학년 때 세계사나 동아시아사를 선택하지 않을 경우다.

학부모는 당연히 우리 역사인 한국사를 먼저 공부하고 세계사를 배우는 것이 올바른 순서라고 생각할 수 있다. 서양사를 전공한 필자도 자국사에 대한 정확한 이해가 선행되어야 한다는 주장에 동의한다. 그런데 반드시 자국사를 알고 세계사를 공부해야 한다고 강조할 수는 없다.

그동안 한국사 교육은 배타적이고 국수주의적인 경향이 너무 강했음을 부인할 수 없다. 우리는 민족주의적 시각에서 한국사 교육을 해왔고 그전에는 한국사의 과목명을 국사라고 불렀다. 일부 대학에는 여전히 '국사학과'라는 학과명이 남아 있다. '국사'라는 표현은 대단히 강한 민족주의적 성향의 표현이다. 그런데 최근에는 '국사',

'국어'라는 표현과 함께 '한국사', '한국어'라는 용어가 널리 쓰이고 있다.

'한국어'라는 표현은 일본어, 영어와 같이 언어를 상대화한 표현이다. 또한 고등학교에서 '국사'라는 과목명 대신 '한국사'라는 용어를 쓰는 것만 봐도 자국사를 상대화해서 보려는 변화가 있음을 알 수 있다. 그래서 역사교육은 민족주의적인 좁은 틀에서 벗어나 폭넓은 시각에서 다루어, 세계 시민을 양성하는 쪽으로 나아가야 한다는 주장이 힘을 얻고 있다. 우리가 한국사를 먼저 배워야 한다고 하면서도 민주 시민, 더 나아가 세계 시민을 길러 내는 것이 역사교육의 목표가 되고 있음을 이해할 필요가 있다.

한편, 세계사를 먼저 교육할 때의 장점을 강조하는 견해도 있다. 세계사를 먼저 공부하면 우리나라 역사를 더 객관적으로 알게 되고 세계사의 교훈을 새기며 한국사를 공부할 수 있다는 입장이다. 이것은 특히 21세기를 살아가는 청소년과 학생들을 위해 상당히 의미 있고 설득력 있는 주장이다.

세계사를 먼저 배우면 세계사적 지식을 바탕으로 진로를 확장할 수 있는 여건이 마련된다. 우리가 세계사에 대한 지식과 안목이 있으면 대학에서 어느 분야를 공부하든 이것이 유용하다는 사실을 알게 될 것이다. 또한 국내외 어디서 사회 생활을 하더라도 세계사적 지식과 안목이 있으면 자기 분야에서 좀 더 심도 있는 사고나 판단력을 지닐 것이다.

따라서 세계사에 대한 이해가 학생들에게 유용하고, 그로 인한 확장성이 크다고 할 수 있다. 세계사 수업의 탐구 학습과 보고서 작성 시 생각할거리를 제공하며 자기 주도 학습 역량을 길러 준다. 지적 흥미가 없는 학생도 세계사를 공부하다 보면 호기심이 생기고 이러한 성향은 자기 진로를 발전시키는 데 도움이 된다.

이런 지적 경험이 없고 세계사에 대한 이해가 부족하면 자기 주도 학습을 통해 스스로 주제를 선정하고 탐구하는 데 어려움을 느낀다. 공부의 확장성이 좋은 학생은 세계사적 안목으로 참신한 주제를 잡을 가능성이 높다. 2025년부터 고교 학점제가 도입되면 교과목 학습을 할 때 스스로 관련 도서를 읽고 공부 범위를 확장하는 능력이 필요하다. 모든 과목이 1년이 아니라 한 학기 단위로 꾸려진다. 고등학교에서 한국사는 1학년 공통 필수 과목이지만, 1학기에 한국사 1을, 2학기에 한국사 2를 배운다. 선택 과목인 세계사를 지금은 두 학기 동안 배워야 하는데, 2025년부터는 한 학기로 마무리된다. 앞서 언급했듯이 고교 학점제가 도입되면 더욱 많은 과목이 개설될 것이고, 자기 스스로 책을 읽고 공부해야 하는 새로운 환경이 조성될 것이다. 세계사 공부를 통해 다양한 문화와 역사에 대한 이해가 높아진 학생은 창의적인 사고력이 훨씬 풍부해서 자기 주도 학습을 해 나가는 데 많은 도움이 될 것이다.

문제는 중학교 2학년 때 세계사를 배우고 고등학교에서 지금처럼 세계사를 배우지 않는 학생들이 여전히 많을 경우다. 그렇게 되면 소수의 학생들만 세계사 공부를 통해 진로를 개척하는 데 유리한 고지를 점할 가능성이 많다. 따라서 학부모가 세계사 공부의 중요성과 유용성을 잘 생각해서 자녀들의 역사교육에 현명하게 대처하기를 권한다.

이제 "한국사와 세계사 중 어느 분야를 먼저 배우는 것이 좋을까요?"라는 질문이 약간 우문 같기도 하다. 한국사를 먼저 배우든 세계사를 먼저 배우든 그 자체가 옳고 그름의 문제는 아니기 때문이다. 더 중요한 것은 한국사와 세계사의 통합교육이다.

지금까지 한국사와 세계사의 통합교육의 필요성에 대해 알아보았는데, 당장은 쉽지 않아 보인다. 가정에서 학생들의 역사교육을 지도할 때도 한국사와 세계사를 동시에 다루기에는 어려운 점이 있다. 학생의 성향이나 취미 또는 선호도에 따라 지도 방법을 결정하는 것이 좋을 것 같다. 한국사든 세계사든 어떤 것을 먼저 공부해도 큰 문제는 없다. 각각 유익함이 있기 때문이다. 다만 지속성과 균형 감각이 필요하다. 한국사와 세계사 중 무엇을 먼저 하든 하나에 그치지 말고 나머지 과목도 공부하기를 적극 권장한다.

세계사와 한국사를 균형 있게 공부하면 내면에 유익한 재산으로 쌓여 학업성취를 높일 뿐만 아니라 평생 역사 지식을 즐기며 살 수 있다. 대학교의 역사 관련 학과에 진학하지 않고 다른 분야를 공부하더라도, 혹은 학교를 졸업하고 사회생활을 하더라도 중·고등학교에서 배운 지식이 내면 세계를 더 풍성하게 하는 좋은 지적 자산으로 남을 것이다. 학부모의 역할은 자녀의 성향을 잘 파악해 한국사와 세계사 어느 한쪽으로 치우치지 않고 균형 있게 역사교육을 받도록 지도하는 것이다.

7장
역사를 재미있게 공부하는 법

7장에서는 인물사, 가족사와 생활사, 향토사, 그리고 학생의 취미나 진로에 맞는 주제사 학습의 순서로, 학생들이 역사 과목에 관심을 갖게 하는 방법들을 알아보겠다.

인물사로 배우는 역사

인물사 학습의 장점으로는 세 가지를 들 수 있다. 첫째, 학생들이 흥미와 관심, 친근감을 가지고 주체적이며 의욕적으로 학습할 수 있다. 둘째, 인물이 활동한 당시의 시대적·사회적 배경을 파악하는 과정을 통해 역사적 사고력과 비판력 등 역사 능력을 함양할 수 있다. 셋째, 편협한 인물관과 이미지를 바로잡고 올바른 인격을 형성하며 가치관을 확립하는 데 매우 유용하다.

인간은 역사를 형성·발전시켜 온 주체이고, 역사는 인간 활동에 의해 이루어지는 산물이므로 인물 학습은 자연스레 가장 일반적이고 1차적인 역사학습이 될 수 있다. 인물을 통한 역사학습은 역사의식을 개발·신장하고 추상적인 역사적 사실을 구체화하여 학습에 대한 관심과 흥미를 한층 높여 줄 수 있다. 학생들의 역사의식 발달 단계를 볼 때, 전체적인 역사 이해가 미숙한 초등학생 때는 역사 속 인물에 대한 호기심과 흥미가 가장 왕성한 시기다. 이 시기에는 모델이 될 만한 인물을 내세워 역사학습의 성과를 끌어올릴 수 있다. 그래서 어린 나이에는 대체로 위인전 같은 것을 통해 역사적 인물들을 익히면서 역사에 접촉할 기회를 제공하는 것이 좋다.

인물사 학습은 한 인물을 시대적 배경이나 사회 변화와 연관 지어 이해함으로써 학생들로 하여금 당시의 다양한 관계와 상황을 살펴볼 수 있게 한다. 인물 학습을 통해 올바른 인간관을 정립할 수 있고, 역사 속 인물을 롤 모델로 삼아 닮고자 노력하도록 도와줄 수 있다. 이는 학습의 흥미를 불러일으키는 중요한 수단이 될 수 있다. 이런 학습 방법은 학생들이 인격 형성과 가치관 확립의 기틀을 마련하는 데 큰 도움이 된다.

인물에 대한 탐구 활동을 하면 역사적 사고력과 판단력을 기를 수 있다. 교과서에 나오는 인물이 좋은 본보기가 될 수 있다. 교과서에는 역사적 인물이나 시대를 대표하는 인물에 대한 내용이 많이 담겨 있다. 사회 교과서나 역사 교과서를 집필하는 사람들은 특히 어린 학생들에게 어떤 인물이 인격을 함양하고 역사의식을 고취하는

데 좋은지 세심하게 고려할 필요가 있다. 시대별로 중복되는 인물을 제외하면 초등학교 교과서에는 총 198명의 인물이 등장한다. 고대 38명, 중세 21명, 근대 132명, 현대 7명으로 근현대 사람이 더 많다. 중학교 교과서에는 468명이 등장하는데, 고대 96명, 중세 91명, 근대 259명, 현대 22명이다. 그중에서 왕과 왕족이 초등학교 교과서에는 33.7%, 중·고등학교 교과서에는 35.3%로, 이들을 포함한 정치인이 다수를 차지한다. 교과서에 등장하는 정치인들은 대부분 정치적 과도기나 변혁기에 활동하는데, 그 시대의 특성을 이해하기 어려운 학생들은 따분해하며 역사에 부담을 가질 수 있다. 따라서 지배 계층에 의해 이루어진 역사가 아니라 서민 중심, 문화·예술·생활 중심 내용으로 편성하는 등 역사를 좀 더 쉽게 이해할 수 있도록 적절한 방법을 적용해 보는 것도 중요하다.

정치적 인물이 교과서의 대부분을 차지하는 상황을 바꿀 필요가 있다. 특히 교과서 등장인물 중 여성이 극히 적다는 것도 문제다. 지금까지의 역사가 남성 위주로 전개되고, 주로 남성이 공적 활동을 하다 보니 여성의 수가 적은 것이 어쩌면 당연하다. 초등학교 교과서에 5명, 중학교 역사 교과서에 11명의 여성이 등장하는데, 명성황후를 제외하면 교과서에서 차지하는 비중이 너무 낮다. 자료를 발굴해 여성들의 활동에 대한 서술을 확대하고 교과서에 더 많은 여성을 등장시킬 필요가 있다. 전통적인 사회 구조에서 여성의 활동이 위축되었던 것은 사실이지만, 학생들에게 여성이 역사상 소외 계층으로 치부될 여지가 많다. 앞으로 그런 부분은 시정되어야 한다. 연구 결과, 근대사에서 여성의 사회 참여 의식이 매우 강했다는 사실이 확인되었고, 오늘날 여성의 사회적 지위가 점차 향상되고 있어 올바른 여성상을 정립해 나가는 데 도움이 될 만한 인물의 발굴이 시급하다.

교과서 내 인물의 현황을 또 다른 측면에서 보면 왕족이나 정치적 인물은 주로 수도를 중심으로 활동한다. 지방에 거주하는 많은 학생을 위해서라도 지역에서 활동했던 인물들을 발굴하고 알릴 수 있는 자료를 만들어 수업 시간에 활용하면 수업이 더욱 효과적으로 이루어지고, 지역 사랑, 고향 사랑의 마음도 키워 줄 것이다.

역사적 상황에 등장하는 적절한 인물은 학생들에게 올바른 가치관과 역사관을 심어 주는 중요한 수업 자료가 될 수 있다. 특히 초등학교 시기에는 역사에 흥미와 관심이 많으므로, 인물사를 통한 역사학습은 역사를 바르게 인식하고 나아가 올바른 세계관을 형성하는 데 큰 도움을 준다. 그런 점에서 초등학생들이 어려서부터 위인전 읽기를 비롯해 인물들에 대한 연구 또는 공부로 역사학습을 시작하는 것은 아주 좋은 방법이다.

가족사와 생활사로 배우는 역사

가족사와 생활사를 통한 역사학습은 주로 초등학생에게 초점을 맞추고 있으나 중·고등학생에게도 의미 있는 주제다. 역사는 현재의 나와 관련되어 있으며 지금의 내가 역사의 한 부분이 될 수 있다는 점을 학생들에게 인식시킬 수 있다. 현재와 과거의 관련성을 생각할 때 가족이라는 매개체를 사용하면 상당히 효과적인 역사학습이 될 수 있다. 그동안 역사는 영웅이나 정치인 등 특정 위인에 국한된 정치사 위주였다. 개인의 역사나 가족의 역사 같은 서민의 일상생활과 관련된 생활사는 역사의 주변으로 여겨져 관심을 받지 못했던 것이 사실이다. 그러나 최근 생활사에 대한 관심이 높아지고 있다. 특히 학교 역사 수업에서 생활사를 통한 수업이 많이 권장되고 있다. 가족사는 학생들이 가장 쉽게 접할 수 있는 생활사의 한 부분이다. 가족사 수업 방법으로는 내 가족 인터뷰하기 등을 예로 들 수 있다.

가족사 학습의 의의에 대해 알아보자. 첫째, 역사학습 시작 단계에서 현재와 과거의 연결 고리 역할을 하여 학생들이 역사에 쉽게 진입하게 해준다. 가족사 수업은 학생들에게 매우 친근하고 익숙한 주제이며 학생들의 이해 폭을 넓힐 수 있는 수업 방안이다. 또한 역사를 쉽고 재미있게 느끼도록 한다. 가족의 삶은 해당 시대의 흐름 속에서 이루어졌기 때문에 그들의 삶이 곧 현대사의 전개 과정과 직접 관련을 맺는다. 가족사 수업을 통해 가족 간의 대화와 이해의 장을 마련할 수도 있고 조부모나 부모의 삶과 자신의 삶을 비교해 보는 기회도 될 수 있다.

둘째, 가족사 학습을 통해 역사가와 동일한 경험을 할 수 있다.

역사 수업에서 교과서를 통해 역사적 사실에 대한 이해와 간단한 탐구 학습을 할 수 있다. 그러나 결과만 나와 있는 교과서를 통해서는 역사적 사실에 대한 맥락을 파악하기가 어려울 뿐만 아니라, 이 같은 역사적 텍스트가 어떻게 쓰였는지 그 과정을 파악할 수 없다. 가족사 학습을 통해 학생들은 자신이 인터뷰한 내용 중에서 신뢰할 만한 자료를 선택해 서술하는 과정을 거친다. 그러면서 역사적 사실이 해석의 결과라는 점을 인식하고, 간단하지만 역사가와 동일한 경험을 하면서 교과서를 바라보는 눈이 달라질 수도 있다.

셋째, 교과서 위주의 역사 수업에서 탈피할 수 있다. 현재 대부분의 교사와 학생들은 교과서 내용을 절대적인 지식으로 간주하고, 교과서 위주의 역사 수업에서 벗어나지 못하고 있다. 그러나 교과서는 여러 역사 자료 중 하나일 뿐이며, 역사적 사고력을 높이고 탐구를 이끌어 내는 수많은 자료가 더 존재한다. 가족사 학습은 교과서 위주의 수업에서 벗어나 학생들이 인터뷰한 자료를 통해 탐구할 기회를 제공한다. 학생들은 가족 인터뷰처럼 자신이 직접 조사한 자료가 역사적 사료가 될 수 있음을 깨닫는다. 또한 교사도 수업 시간에 교과서에서 벗어나 다양한 자료를 활용할 기회를 얻는다.

넷째, 학생은 가족을 사랑하고 이해할 수 있으며 교사는 학생에 대한 이해를 높일 수 있다. 다문화 가정, 호적 제도 개정이나 재혼으로 인한 이성 가족 등 현대 사회에는 새롭고 다양한 형태의 가족이 나타나고 있다. 따라서 가족을 사랑하고 새롭게 이해하는 교육이 필요하다. 가족사 수업으로 교사는 학생의 가족을 이해할 수 있으며 이를 통해 해당 학생을 좀 더 다각적인 시각으로 바라볼 수 있다. 현재 역사학습의 문제점에 대한 대안으로 가족사를 적용하는 것은 역사교육에서 아주 다양한 의의가 있다.

가족사 학습을 통해 학생들은 역사에 흥미를 가지고 자신을 역사의 한 부분으로 인식하게 된다. 역사를 탐구하는 과정에서 역사적 사고력을 증진할 수도 있다. 그리고 교과서 위주의 암기 수업에서 탈피해 살아 있는 역사 수업을 경험할 수 있다. 이런 면에서 가족사 학습은 초등학생에게 아주 적합한 학습 방법이다.

향토사로 배우는 역사

향토사는 지리적으로 국소적인 영역과 그곳에 사는 지역공동체의 역사를 연구하는 분야다. 지역의 향토 문화는 주어진 지리적·자연적 여건에서 생활하기 적합하도록 오랜 경험에서 얻은, 선조들이 물려준 지혜의 소산이다. 문화재나 민속 풍물 등을 통해 그 지역의 옛 숨결과 전통이 지금까지 살아 움직이는 역사 현장을 탐색해 보는 것이 향토사다. 그러나 아직 많은 사람이 향토사의 중요한 문화적 가치를 제대로 인식하지 못하고 있다. 향토사에 대한 체계적인 연구와 더불어 교육의 필요성이 제기되는 것은 이러한 이유 때문이다. 특히 향토사 교육은 내가 태어난 고장, 즉 향토에 대한 올바른 인식을 통해 애향심을 기르고 이를 바탕으로 지역을 생산적이고도 창조적인 삶의 공간으로 변화·발전시키는 전환점이 될 수 있다. 향토사, 지방사, 지역사라는 용어는 비슷해 보이지만 의미가 조금씩 다르다. 향토사는 자신이 생활한 고장의 역사라는 뜻이고, 지방사는 중앙사의 상대적 개념이다. 지역사는 한정된 공간을 지칭하는, 조금 가치 중립적인 용어다. 향토사의 장점은 지방의 전통이나 독자성에 주로 관심을 갖게 된다는 것이고, 지방사의 장점은 향토사보다 좀 더 객관적인 차원에서 지방을 본다는 것이다.

한편 지역사는 지방사와 향토사의 장점을 수용해서 생긴 개념이다. 지방사의 단점은 지역사에 비해 객관적인 역사 인식이 어렵다는 것이다. 자기가 생활하는 고장의 역사이다 보니 다른 것과 비교할 여지가 별로 없고, 객관화·일반화하기가 다소 어렵다. 또한 지방사가 중앙과의 차별화를 강조하다 보니 지방의 특수성에 예속돼 있다는 단점이 있다. 이제 지역사의 개념은 역사의 일반적 관점과 차별성이 거의 없지만, 지역사라는 명칭은 제국주의 정책 수단으로 사용됨으로써 논란이 되기도 한다. 요즘에는 지역학 연구라는 것이 있어 사회과학적으로 많이 발전했지만, 과거에는 지역학이라는 것이 지역에 대한 제국주의적 정책의 수단이어서 어느 지역을 어떻게 잘 지배할 수 있을까를 주로 연구했다. 특히 식민 지배를 하는 제국의 중심부에서 피지배 지역을 나누고 그곳을 연구하는 경향이 있었다.

또 '지역'이라는 개념은 오늘의 지역 명칭과 범위가 과거와 다르기 때문에, 단순히 역사에 대해 접근하면 오류가 생길 수 있다. 지역사회의 공간 범위를 설정하는 기준은 행정구역, 경제권, 교통권, 생활권 등이 있고 간혹 문화권이 기준이 되기도 한다. 따라서 역사교육에 활용한다면 지역사나 지방사보다는 향토애를 고무하면서 자기 고향의 역사를 알아보는 향토사가 적절할 것이다.

지방이 위기라고 한다. 예전에는 '지방 시대다, 지방 자치 시대다'와 같은 말을 많이 사용했고, 이제는 어느 정도 정착해 지방 분권을 외치기도 한다. 눈을 돌려 주변을 바라보면 과연 이 말이 맞는지 의문이 든다. 지금은 지방 인구가 점점 줄어들어 과거보다 영향력이 축소되는 경향이 있다. 또 고향이나 향토를 떠난 사람들이 점점 증가하고 있다. 예로부터 사람이 몰렸던 수도권도 인구 소멸 위기에 놓여 있다. 근본적인 원인으로 저출산 문제를 들 수 있다. 그로 인해 향토 문화가 소멸되는 여러 가지 부작용이 나타나고 있다. 지역의 정체성은 지역 주민들의 독특한 생활양식으로 그 지역의 자연환경과 인문환경, 역사적 경험 속에서 어우러져 살 때 나타난다. 지역 정체성이 사라지면 향토 문화와 역사가 소멸하고 급기야 민족사와 문화의 다양성마저 사라질 위기에 처한다. 그래서 향토사를 잘 연구해 그것을 역사학습에 이용하는 것은 매우 중요한 의미가 있다.

그동안 국가 중심의 역사교육, 특히 국가가 정한 교육과정에 의한 역사교육을 해오다 보니 향토사에 대한 관심이 낮을 수밖에 없었다. 그로 인해 학생들은 자신이 살고 있는 지역의 역사적 사건은 물론 지역의 인물과 문화재조차 제대로 인식하지 못해, 결국 애향심이 결여되는 부작용이 나타나고 있다.

향토사 학습을 하면 역사적 정체성과 애향심을 함께 고취할 수 있다. 현장학습을 통해 지역에 산재해 있는 유물이나 문화재, 민속, 풍물 들을 이해하고 향토 문화 전반에 참여하는 기회를 제공함으로써 더욱 현실감 있고 생동감 있는 역사교육이 된다. 자신의 삶이 어떠한 과거로부터 유래했는지 인식하고, 이를 통해 역사적 사고가 신장되어 역사의식이 높아진다. 문화재나 민속, 풍물 등 향토 문화 전반에 참여할 기회를 제공하는 동시에 일상에서 쉽게 볼 수 있는 지역 문화재에 대한 인식 전환 기회를 제공한다. 향토사 교육은 지역 교육 기관과 행정 기관 등의 행정적·재정적 지원이 이루어져야 한다. 또한 교사와 학생, 그리고 학교와 관계 기관의 유기적인 협조가 이루어져야만 바람직하게 이루어질 수 있다.

향토사 학습을 통해 풀뿌리 지역 중심 교육에 동참해 역사적 상상력을 키우며 역사학습에 접근하는 방법을 배울 수 있다. 향토 문화 지킴이로서 사긍심을 가지도록 해야 지역 경쟁력의 토대가 구축된다. 사람은 대개 자기가 속해 있는 지역에 애정과 친밀감을 갖기 마련이다. 특히 어린이들은 성장 발달 과정에서 직간접적으로 지역의 영향을 많이 받는다. 자기 고향에서 태어나 활동한 역사적 인물이나 그들이 남긴 유적·문화는 자라는 어린이들에게 지대한 영향을 미치는 중요한 요소인 동시에 훌륭한 학습 대상이 된다.

앞서 언급했듯이, 향토사 교육을 잘 활용하면 학생들의 역사적 정체성과 애향심을 고취하고 기존의 교과 중심 역사교육과 차별화해 지역 역사에 대한 교육 부재를 해소할 수 있다. 그러나 향토사를 역사교육에 활용하기 위해서는 향토에 대한 관심, 학습자의 역사의식 함양, 다른 지역과의 비교를 통해 보편성을 이해하고 민족사 전체 문제로 파악하는 능력, 자료가 충분한 주제 선정과 인접 학문의 자료 활용, 그리고 충분한 교재 연구와 선행 답사가 필요하다. 또한 향토사 학습에서는 학생 중심의 자율적 탐구학습과 현장 답사가 매우 중요하다. 그리고 다양한 향토 자료의 특성과 학교 실정도 고려해야 한다.

향토사 학습에서는 학생 주도의 생생한 체험이 가능하다. 스스로 향토 자료를 선정하고 향토사를 이해하며, 나아가 향토애를 기를 수 있다. 수업에서 배운 역사적 사건과 답사 장소를 유기적으로 연결해 이해하고 심화하여 생각해 볼 수 있다. 학교 수업은 어쩔 수 없이 교사 중심으로 이루어지는 반면, 향토사 학습은 학생 주도 답사가 가능하다. 답사한 내용을 교실 수업에서 발표함으로써 역사 수업에 연결할 수도 있다.

향토사 학습은 학습자의 흥미를 증진하고 역사 이해에 도움을 줄 수 있다는 교육적 기능이 있다. 향토사는 학습자의 탐구와 발견 태도를 증진하고 역사적 사고를 향상시켜 준다. 학생들은 향토사 학습을 통해 자신이 거주하는 지역의 특수성을 파악하고 국가사로 이해를 심화·확대할 수 있으며, 자기가 사는 지역에서 생동감 있는 수업을 진행할 수 있다. 또 향토의 당면 문제를 파악하고 해결하는 능력과 태도를 증진하는 데도 향토사 학습의 교육적 기능이 있다. 그러나 역사 현장이 학습자 가까이 있다는 점 때문에 자칫하면 지나치게 주관적이고 맹목적인 역사 인식이 끼어들 여지가 있다는 점도 주의해야 한다. 향토사 학습의 단점도 충분히 고려함으로써 학습 현장에서 향토사 학습의 교육적 기능을 극대화해야 한다.

다시 말해, 역사 연구와 교육은 학생이 주체적 관점에서 이해하고 해석하며 역사 전개 과정에 능동적으로 참여하면서 전통적인 독자성과 고유성에도 관심을 갖도록 해야 한다. 그런데 향토사 학습은 자기 지역의 전통이나 고유성을 강조한 나머지 역사를 객관적으로 인식하기 어렵고 자칫 잘못하면 자기 미화에 빠질 가능성이 있으므로 주의해야 한다.

주제사로 배우는 역사

학생의 취미나 진로에 맞는 주제를 선정해서 학습하는 방법이 있다. '주제사로 역사 학습하기'에서는 학생이 과제를 직접 설정해 추구하는 학습을 기본 원리로 한다. 주제 선정의 관점과 함께 학습 목적과

의도, 그에 따른 구체적인 내용과 지도 및 학습 방법을 제시한다. 여기서는 학생들이 직접 내용을 선택해 주제를 설정하게 하는 것이 가장 중요하다. 학생들은 스스로 주제를 정하고 탐구할 때 학습에 최선을 다하기 때문이다. 해당 과목에 대한 관심을 바탕으로 스스로 주제를 설정하고, 자료를 찾아 읽고, 체계를 세워 정리하는 데는 시간과 노력이 필요하다. 이러한 과정은 역사 연구의 기본적인 방법과 일치한다.

주제사 학습의 경우 학생이 자신의 진로와 관련된 역사 주제를 통해 진로를 탐색하도록 유도할 수도 있다. 학생의 자유를 최대한 존중하고 과제도 학생이 결정하도록 한다. 자신의 진로에 따라 전문 박물관 탐방 보고서를 제출하는 것도 좋다. 예를 들어, 경찰박물관, 의학박물관, 조세박물관과 같이 학생들이 관심 있는 쪽으로 계획을 세워 탐방하고 보고서를 쓰도록 하는 것이다. 학생들은 주제에 맞는 박물관을 탐방하고 보고서를 쓰는 과정에서 역사에 관심을 갖게 된다. 이과생이나 예체능으로 진로를 선택하는 학생, 역사 과목을 포기하는 '역포자'들도 자기가 원하는 주제를 선택해서 탐방하고 연구하면 역사에 관심을 가질 수 있다.

주제별 과제 발표 수업은 학생들에게 역사에 대한 흥미를 가지게 하는 아주 좋은 방법이다. 교사는 주제를 주고 세부적인 실행은 최대한 학생들의 자유에 맡긴다. 결과물에 대해 가급적이면 긍정적인 평가를 해 주어 학생들이 자신들의 탐구 학습과 발표에 성취감을 느끼도록 하는 것이 좋다. 그리고 무엇보다 학생들이 스스로 묻고 대답하면서 학습이 된다는 점에서 주제사 학습은 효율성이 매우 높다. 역사를 탐구하는 과정에서 수행해야 할 문제를 인식하는 단계와 절차가 학생들의 주체적 활동으로 진행된다는 점에서 좋은 역사학습이 될 수 있다.

이런 활동에서는 학생들이 학습해야 할 주제나 문제에 대해 당혹감 또는 의문을 가지고 본질적인 질문을 제기해야만 역사를 탐구하는 학습 효과를 제대로 경험할 수 있다. 특히 우리나라 학생들은 질문에 소극적인데, 질문을 잘하는 것은 역사뿐만 아니라 자기가 관심 있는 어떤 분야에서 성취감을 얻을 수 있는 아주 좋은 요건이 된다.

예전에는 수업에서 교사가 질문하고 학생이 답변하는 형식 위주였다. 그러나 최근에는 학생이 주도하는 질문의 중요성이 부각되면서 질문 형성 기법을 적용하는 학습이 강조되고 있다. 이 기법은 교사 주도의 질문하기에서 학생 주도의 질문하기로 전환하려는 노력의 산물이다. 교실 역사 수업에서 학생들이 탐구를 수행하면서 이 기법을 연습하여 숙달할 때 비로소 학생들은 학습자로서 역사 탐구를 위해 본질적인 질문을 제기하게 된다. 이것이 프로젝트 역사 수업의 장점이다. 프로젝트 역사 수업이란 학습자 스스로 문제의식을 가지고 주제를 선정하는 단계부터 조사, 연구, 발표 및 평가까지 모든 과정에 참여하는 수업 모형이다. 따라서 주제 학습을 하기에 좋은 방법이다.

프로젝트 역사 수업은 기존의 암기식 역사 수업에서 벗어나 학습자 스스로 방법을 찾아 가며 문제를 해결해 성공을 경험하고 모둠원 간의 상호 협력을 통해 문제를 해결해 결과를 도출한다는 점에서 역사 수업의 아주 현실적인 대안이 될 수 있다. 프로젝트 역사 수업에서 교사는 학습자와 활발한 피드백을 통해 학습자가 유의미한 학습 결과를 얻을 수 있도록 도와주는 안내자이자 조력자 역할만 수행한다.

모든 학습이 그렇듯이 역사학습에서도 학생들의 흥미와 관심을 유발하는 것이 가장 중요하다. 이를 위해 주변에서 익숙한 소재를 찾아 역사를 접하게 하는 것이 좋다. 그런 점에서 가족사나 지역사 등 자신과 가까운 데서 소재를 찾아 역사학습을 하는 것이 바람직하다. 교과서에 나오는 인물들을 자기 방식으로 탐구한다든가, 자기가 원하는 진로의 주제를 학습해 보는 것들은 교과서 중심의 교실 수업에서 흥미를 갖지 못하는 학생이 조금이나마 역사에 관심을 갖게 하는 방법이 될 수 있다.

8장 역사를 포기한 학생들에게

8장에서는 일명 '역포자'란 어떤 학생인가, 그들이 역사를 싫어하는 이유는 무엇인가, 이런 학생이 역사에 관심을 갖게 하고 역사를 잘하게 하는 방법에는 어떤 것이 있는가에 대해 생각해 보겠다.

'역포자'란 어떤 학생인가?

흔히 수학을 포기한 학생을 일컬어 '수포자'라고 하듯이, 역사학습을 포기한 학생을 '역포자'라고 한다. 생소하다고 느껴질 수도 있지만 실제 학교 현장에는 역포자가 상당하다. 역사가 유용하다는 것은 인정하지만 역사 과목은 싫다는 학생이 왜 이렇게 많아지고 있을까?

이번에는 역포자 문제를 조금 진지하게 생각해 보겠다. '역포자'란 한국사나 세계사 과목의 성적이 낮고 역사학습에 열의가 없는 학생을 말한다. 이과에서는 과포자(과학을 포기한 자) 중 물포자(물리를 포기한 자)가 제일 많다면 문과 쪽에서는 사포자(사회를 포기한 자) 중 역포자가 제일 많다고 한다.

2017학년도부터 한국사가 대학수학능력시험에서 필수 과목이 되면서 역포자 문제가 더 심각하게 부각되고 있다. 대학 입학을 위해서는 역사학습을 피할 수 없기 때문이다. 역포자가 많은 근본적인 이유는 무엇일까? 흔히 역사라고 하면 방대한 양을 덮어 놓고 달달 외우는 암기 과목이라고 생각하는 데서 문제가 시작된다. 요즘 스마트폰이나 컴퓨터로 정보를 쉽게 얻을 수 있는데, 그 많은 역사적 사건이나 인물, 연대 등을 일일이 암기해야 한다는 것이 굉장한 부담으로 다가오다 보니 역포자들이 생긴다는 것이다.

그러나 역사는 암기도 중요하지만 각 시대의 흐름을 학습하고 인간이 어떤 과정을 밟아 여기까지 왔는지 이해하는 것이 더 중요하다. 사람의 머리가 컴퓨터 메모리가 아닌 이상 교과서에 나오는 많은 내용을 무작정 외울 수도 없고, 많은 것을 외운다고 좋은 성적을 받을 수 있는 것도 아니다. 역사학습에서는 시대의 흐름을 파악하는 것이 중요한데, 역사에 관심이 없는 학생은 역사적 사실의 암기 못지않게 흐름을 파악하는 것도 어려워한다.

역사 교과는 크게 한국사와 세계사로 나뉘어 있다. 1800년대 후반부터는 일본이나 중국 같은 이웃 나라들뿐만 아니라 유럽이나 미국 등 서양 열강들이 우리나라 역사에 개입하면서 한국사의 내용도 굉장히 복잡해졌다. 더욱이 20세기로 들어서면서 일제의 식민 지배를 받았고, 1945년에 해방을 맞기는 했지만 미군정기와 분단, 6·25전쟁이 이어지면서 우리는 정치·경제·사회·문화적으로 혼란을 겪었다. 따라서 한국 현대사는 세계사적 배경에서 보아야만 제대로 이해할 수 있다. 역사적 사건 몇 개만 단편적으로 외워서는 좋은 성적을 받을 수 없다.

'역포자'와 '역덕후'

'역포자'와 대비되는 용어로 '역덕후'가 있다. 역덕후는 역사를 매우 좋아하고 역사에 관련된 것들을 연구하거나 탐구하는 걸 즐기는 학생을 지칭한다. 비록 소수지만, 역사에 '꽂힌' 학생은 역포자와 달리 역사에 대해서만 너무 관심을 갖는다는 특징이 있다. 역포자 문제는 수능시험 사회탐구 영역 중에서 역사 계열 과목(동아시아사와 세계사) 선택률이 점점 낮아지는 추세와도 무관하지 않다.

물론 역포자라 하더라도 대학을 포기하는 것은 아니기에 나름의 입시 전략을 가지고 있다. 한국사가 필수 과목이 되었는데도 역포자가 많이 존재하다 보니 수험생들은 한국사 성적이 최저학력 기준에 포함되지 않는 대학의 수시 모집에 지원하는 전략을 세우거나, 정시에서 한국사를 반영하지 않거나 반영 비율이 낮은 대학에 진학하려고 한다. 하위권 학생들이나 국영수를 잘하더라도 역사 과목에 소질이 없는 학생들은 바로 이런 입시 전략으로 역사공부를 포기한다.

통계에 따르면 수능시험 성적 상위권 학생 중에서 국영수와 탐구 과목은 1-3등급이지만 한국사가 5등급 이하인 경우가 아주 많다. 역포자들 스스로 '외국인', '해외 유학생'이라는 자조적인 표현을 쓰기도 한다. 역포자들에게 "제일 싫어하는 과목이 무엇이냐?"고 물으면, 물론 세계사가 어려워서 포기하고 선택도 안 한다는 대답이 일반적이지만, 의외로 한국사라는 답변도 많다고 한다.

세계사를 포기하는 것은 이해가 되지만 한국사가 왜 그렇게 됐을까? 영어나 수학보다 한국사를 더 싫어하는 학생도 많다. 역사 과목은 암기 과목이라는 선입견이 얼마나 강한지 심지어 "선생님, 이딴 걸 왜 배워요? 외울 게 더럽게 많아요."라고 말하는 학생까지 있다고 한다. 그래서 역사 선생님은 학생에게 "그럼 영어는 왜 배우니? 영어 과목이 역사 과목보다 외울 게 더 많지 않니?"라고 반문한단다. 이런 현상을 학생들 탓으로만 돌리기에는 문제가 있다. 한국사는 공통 필수 과목이지만 학생들 사이에서 점점 더 쓸모없는 과목, 점수 깎아 먹는 과목으로 치부되고 있는 것이 학교 현장의 분위기고, 이것이 현재 우리가 풀어야 할 역사교육의 당면 과제다.

결국 한국인으로서 당연히 배워야 할 한국사 과목마저 입시를 위한 암기 과목이라는 인식이 보편화되었고, 공통 필수 과목이라서 피할 수도 없는 과목, 억지로라도 배워야 하는 비인기 과목이 되고 말았다. 사실 연도를 잘 외워 줄줄 꿰고 있어야 풀 수 있는 문제가 시험에 많이 나오기도 한다. 그래서 한국사를 가르치는 선생님들의 고민이 더욱 깊어지고 있다.

역포자 관련해서, 교생 실습을 다녀온 사범대학 역사교육과 학생의 인터뷰를 본 적이 있다. 교생 실습생에게 실제 학교에서 느낀 역사 교과에 대한 인식은 어떠했는지 묻자, 생각보다 역사를 딱딱하고 지루하고 재미없는 과목으로 생각하고 있는 학생이 많아 놀랐는데 외울 게 많다거나 수학처럼 답이 정해져 있지 않다는 이유였다고 답했다. 다시 교생 실습생에게 그런 학생들이 역사에 흥미를 갖게 하려면 어떻게 해야 할지 묻자, 교사가 색다르고 재미있게 수업을 진행하거나 흥미로운 이야기 또는 사료를 수업에 활용하면 학생은 나중에 학습할 때도 그런 부분을 떠올리면서 역사 교과를 재미있다고 생각할 수 있을 것이라 답했다. 문제는 재미있게 수업한다는 것도 한계가 있다는 점이다. 물론 수업을 재미있게 하는 것은 모든 선생님의 바람이지만 역사 수업을 시종일관 그런 식으로만 할 수는 없다. 결국 역사를 싫어하는 이유를 좀 더 심도 있게 바라보고, 역사학습의 비법을 생각해야 한다.

역사는 암기 과목이 아니다

한국사가 수능시험 필수 과목이 되면서 역사학습에 대한 관심이 높아지고 있다. 고등학교 1학년 학생은 누구나 한국사를 배워야 하고 시험도 보아야 한다. 역사를 어려워하거나 싫어하는 학생이 많은 것이 사실이지만 학생들은 결국 시험 공부를 할 수밖에 없다. 역사를 학습하는 데 가장 중요한 것은 단순 암기보다 역사의 흐름과 시대별로 중요한 내용을 파악하는 집중력이다.

역사는 외울 것이 많다는 역포자들의 변명은 역사 교사들이 현장에서 항상 부딪치는 문제다. 개인마다 차이가 있겠지만 학생들은 역사 성적표를 받고 충격을 받는다. '다른 과목은 잘했는데 왜 역사는 이렇게 점수가 안 나올까?' 이런 고민이 생기는 것이다. 중학교에서 역사 과목을 접한 아이들 대다수가 '교과서 내용을 잘 모르겠다, 외울 내용이 많다, 자기는 이과 성향이라서 역사학습이 체질에 맞지 않는다'는 등 어려움을 호소한다.

학부모 입장에서는 어쨌든 좋은 성적을 받지 못하면 자녀의 학습 의지가 부족하다고 생각한다. 틀린 말은 아니지만, 학생들이 역사를 어려워하는 이유는 따로 있다. 맨날 외우고 사교육 강의를 들어도 역사 시험을 망치는 학생은 계속 망친다. 왜 그럴까? 그 이유는 역사 교과의 성격, 역사 교과의 목표를 생각하지 않기 때문이다. 과거와 달리 오늘날 역사 시험은 단편적인 암기력을 테스트하는 것이 아니다.

학력고사에서 수능시험 체제로 바뀌면서 교육정책은 생각하는 학생을 요구하고 있다. 그러므로 암기만 하는 학생은 좋은 성적을 받을 수 없다. 공부를 해도 점수가 올라가지 않는 학생은 먼저 역사 교과의 근본적인 학습 목표가 무엇인지 살펴봐야 한다.

역포자가 생기는 이유는 역사의 흐름을 파악하지 못하고 외우기만 하기 때문이다. 어떤 역사 선생님은 역설적이게도 수학은 이해하는 학문인 것 같지만 암기가 필요한 과목이고, 역사는 암기 과목인 것 같지만 이해가 필요한 과목이라고 말한다. 물론 중요한 역사적 사건들을 외우지 않으면 역사 시험을 잘 볼 수 없다. 그러나 최근의 교육 방향은 단편적인 한 사건만 묻지 않고 사건의 원인과 영향을 복합적으로 생각해서 답변하게 한다.

역사 성적이 잘 안 나오는 것은 역사에 대해 제대로 깨닫지 못해 공감 능력이 부족하기 때문이다. 어떤 사람은 대하 드라마의 줄거리를 처음부터 끝까지 완벽하게 말하면서 역사는 정리해서 잘 말하지 못한다. 그 이유는 시험 대비 중심으로 역사를 공부하기 때문이다. 소설을 읽는 것처럼 역사를 잘 이해하려면 상상력을 발휘하여 공감해야 한다. 역사책을 읽으면서 어떤 때는 분노하고 어떤 때는 기뻐하고 어떤 때는 아쉬워할 수 있어야 한다. 가능하면 당시 일화들도 검색해 보고, 당시 시대적 배경들을 종합적으로 살펴야 한다. 그리고 교과서가 무엇을 전달하고자 하는지 파악해야 한다. 역사는 과거의 사건을 통해 미래에 어떻게 살아야 할지 학습하는 과목이다. 따라서 사건만 알고 상황을 이해하지 못하면 비슷한 문제를 틀리기 쉽다.

역사를 잘하기 위한 몇 가지 방법

역사공부를 잘하려면 어떻게 해야 할까? 역사공부를 잘하기 위한 몇 가지 거시적 제안을 정리해 보겠다.

첫째, 역사의 흐름을 잡아라. 세계사는 중학교 2학년 때 처음 배운다. 생전 들어 보지 못한 낯선 용어, 개념, 유물, 유적, 또는 지역, 왕조, 국가, 인물 들이 정말 폭탄처럼 쏟아져 나온다. 제대로 읽는 것조차 버거운데 많은 것을 모두 외워야 한다고 생각하니 학생들로선 부담이 크고 세계사를 어렵고 까다롭다고 인식할 수밖에 없다. 하지만 역사 교사들은 세계사에 나오는 내용을 모두 외울 수도 없고 그렇게 할 필요도 없다고 얘기하곤 한다. 세계사 내용이 너무 방대하다 보니, 모든 것을 한번에 기억하기란 애초부터 불가능하다는 것이다. 그래서 대신 역사의 큰 흐름을 파악하라고 강조한다. 옛날 사람들이 역사에서 과거에 한 활동과 행동에는 이유가 있는데, 그것에 의문을 가지면서 역사에 접근하면 암기가 아닌 이야기로 받아들일 수 있을 것이다. 그래서 인과 관계 중심으로 흐름을 잡아 가는 것이 효과적인 역사학습 방법이다.

둘째, 직접적으로 암기하기보다 평소 관심 있는 나라·인물·사건을 중심으로 세계사에 접근하라. 친숙하고 관심 가는 주제부터 살펴보면 세계사에 대한 흥미가 생겨난다. 현재 교육과정에서는 중국사가 상당히 많은 부분을 차지하니, 우리와 가까운 중국과 일본을 먼저 살펴본 뒤 다른 지역으로 시야를 넓혀 가는 것도 좋은 방법이다.

셋째, 역사를 지역별로 정리하라. 세계사를 처음 접할 때는 세부적인 내용에 초점을 맞추기보다 큰 틀에서 흐름을 파악하는 것이 중요하다. 중국사를 예로 들면 하, 상, 주나라부터 시작해 청까지 왕조의 변화를 파악한 뒤 해당 왕조의 대표적인 특징 한두 가지만 먼저 기억한다. 그런 다음 각 시대의 중요한 세부 사항들을 체크한다. 한국사의 경우에는 자신이 살고 있는 지역부터 관심을 가져 보는 것도 좋다. 거주지 주변의 문화재를 찾아보거나 이야기를 채록하는 식의 향토사 중심 수업 등을 통해 역사학습에 관심을 가지게 된다면, 상급 학교에 진학한 후 직접 체험 활동을 하기 어려워지더라도 자연스럽게 어떤 맥락 속에서 역사교육을 체화할 가능성이 높다.

이제 역사공부를 잘하기 위한 미시적 제안을 정리해 보겠다.

첫째, 통사에서 벗어난 다양한 역사책을 읽어라. 일단 편협한 역사책 읽기에서 탈피해야 한다. 다양한 역사책을 접하고 중학교부터는 정치적 변화를 이끌어 온 매개 요인을 파악하는 것이 중요하다. 정치적 변화는 반드시 경제적 변동과 밀접한 관련이 있고, 종교나 이념, 문화, 그리고 민중의 소소한 일상 변화로 인해 나타나기 때문이다. 특히 사람들의 삶에 주목하는 책을 접하면 폭넓은 경험을 할 수 있다.

둘째, 역사 속 인물에 감정 이입해 보라. 예를 들어, 후삼국 부분 수업을 하던 중 한 학생이 이렇게 물었다. "선생님, 견훤은 아들과의 전쟁 전날 잠을 못 잤을 것 같아요. 아버지잖아요." 이 전쟁이 하나의 역사적 사건이지만 아버지와 아들 사이에 일어난 전쟁이라는 부분에 감정 이입을 해 보면 그 당시 복잡한 속내를 좀 더 깊이 추측할 수 있다. 학생들은 역사 속 인물도 우리와 똑같은 모습과 감정을 가지고 있다고 생각하면서 역사를 잘 이해하게 될 것이다.

셋째, 자신이 해석한 과거를 그려 보라. 학생들은 역사적 사실에 대한 생각을 말할 기회가 필요하다. 자신이 해석한 과거의 사실을 수필이나 만화, 시, 소설, 논설문 등 다양한 형식으로 짧게라도 표현해서 마치 역사 기록을 남기는 경험을 해 보면 과거를 객관화할 수 있다. 학생들에게 자신이 역사가라 가정하고 나름의 역사를 써 보게 하는 것도 좋은 방법이다.

역사공부에서 무엇보다 중요한 것은 책을 많이 읽는 것이다. 독서량이 많은 학생일수록 역사에 대한 거부감이 적다. 그러므로 책 읽는 습관을 통해 역사에 호기심을 갖게 해야 한다. 한국사가 수능시험 필수 과목이고 학교 내신을 위해서도 역사학습이 중요한데, 책을 들여다볼 생각조차 하지 않으면 역포자가 된다.

어려서부터 자녀에게 역사책을 읽어 주거나 역사책을 각색해 옛이야기처럼 들려주는 것도 좋은 방법이다. 초등학교 저학년 아이에게는 할아버지와 할머니의 인생 이야기처럼 느끼도록 어려서부터 옛날이야기를 많이 들려주고 책을 읽어 주는 것이 좋다. 초등학교 고학년 아이에게는 웹툰이나 웹 소설을 포함한 역사 창작물을 매개로

  부모와 자녀가 즐겁게 역사 이야기를 해 볼 수도 있다. 책을 많이 읽으면서 인간이나 과거에 대한 이해가 쌓이면 역사를 대할 때 훨씬 더 열린 마음을 가질 수 있다.

  어린이들은 학습 만화를 활용하는 것도 좋은 방법이다. 만화는 독서 습관을 들이는 데 잠시 도움이 된다. 그러다가 쉬운 책으로 연결해 주는 것이 중요하다. 영화나 드라마를 통해 역사에 호기심을 가지도록 유도하는 것도 좋은 방법이다. 역사에 호기심이 생기면 좋아하기 마련이다. 중학생 이상인 경우〈올빼미〉,〈천문〉,〈한산〉,〈광해, 왕이 된 남자〉등의 영화를 활용하면 조선 시대의 역사에 거부감 없이 접근할 수 있다. 병자호란과 관련 있는〈올빼미〉를 보면서 "인조는 왜 소현 세자를 미워했을까?" 또는 "후금은 왜 힘이 세지고 명나라는 약해지고 있었을까?"라는 질문을 던져 보는 것이다. 이렇게 당시 한반도, 중국, 동아시아의 국제 관계를 생각하면서 영화를 보면 역사공부에 큰 도움이 된다.

자녀가 영화 속 내용에 대해 더 알고 싶어 한다면, 관련된 내용의 책을 읽거나 박물관 또는 현지 답사를 해 보는 것도 좋은 방법이다. 학교에서 구석기 시대를 학습했다면, 서울 암사동의 선사 유적지나 연천의 전곡리 유적지, 충북 단양의 수양개 선사 유물 전시관에 직접 가 본다. 학교에서 배운 역사 내용이 답사를 통해 현장에서 체험한 역사와 어우러지면 학생은 역사에 더 흥미를 갖게 된다. 이때 부모는 자녀와 함께하는 역사학습을 매개로 배우는 재미를 알아 가고 있음을 보여 줘야 한다. 그래야 자녀도 역사에 관심을 갖게 된다.

그러나 너무 어린 초등생들에게 유적지 여행이나 박물관 견학을 강요하면 인지 발달에 잘 맞지 않아 오히려 역사를 싫어하게 되는 부작용이 일어날 수도 있으니 유의해야 한다. 그래서 현장 답사 체험이나 박물관 학습은 초등학교 고학년부터 시작하는 것이 좋다.

역사 유적지를 방문할 때는 부모가 사전 준비를 잘 해야 한다. 현장에 가서 중요한 내용을 간단히 설명해 주면 자녀는 유익한 역사 지식으로 받아들일 것이다. 지리, 한자 등 역사 배경이 되는 지식도 필요하다. 집 안에 우리나라 전도와 세계 지도를 붙여 놓으면 자녀교육에 큰 도움이 된다. 역사는 구체적인 공간에서 일어났기 때문에 지리에 대한 개념이 없으면 역사를 이해하기 어려울 수 있다. 우리나라의 지명이나 역사 용어가 한자로 되어 있는 경우가 많아 한자 교육을 해 두면 역사교육의 효과를 더 높일 수 있다.

역사학습을 포기한 역포자들을 위한 세부 제안을 정리하면 다음과 같다. 우선, 역포자 자녀들에게는 학습 만화·영화·드라마를 활용하고 중·고등학생들에게는 역사 체험 활동을 통해 역사에 흥미를 갖게 해 주는 것이 좋다. 자녀가 역포자가 되지 않게 하려면 부모의 마음가짐부터 바뀌어야 한다. 부모가 역사에 무관심하고 자녀와 함께 역사를 배우려 하지 않으면 자녀 역시 변하지 않을 것이기 때문이다.

9장 학교 밖 역사학습

9장에서는 학교 수업 외에 역사학습에 도움이 되는 다양한 활동에 대해 이야기하겠다. 역사학습에도 사교육이 필요한지, 역사학습에 도움이 되는 프로그램이나 도서·영상에는 어떤 것이 있는지 등에 대해 알아보겠다.

역사학습에도 사교육이 필요할까?

우리나라의 교육은 한마디로 입시 위주라고 표현할 수 있다. 이로 인해 사교육을 둘러싼 문제가 많다. 사교육 자체를 찬반양론으로 나누어서 논할 일은 아니다. 우리나라는 교육에 대한 열기가 뜨겁고 학부모들이 공교육 외 자녀교육에도 관심이 많다. 사실 자녀교육에 관심이 많은 것은 큰 잘못이 아니다. 다만 사교육이 공교육의 기반을 위협하는 것이 문제다.

　　역사학습과 관련된 사교육 시장도 존재한다. 그렇다면 역사교육의 경우 사교육을 어떻게 활용하면 좋을까? 첫째, 모두가 사교육을 하니까 나도 해야 한다는 생각으로 사교육을 해서는 안 된다. 부모 입장에서는 자식을 위해 어느 정도 투자해야 심리적으로 안정되고, 그러다 보니 사교육에 너무 많은 돈을 들이는 것이 문제다. 과도한 사교육은 오히려 학생에게 학습 부담을 가중시키고 과목에 대한 흥미를 잃게 하며 편견을 갖게 할 수도 있다. 필요할 경우에는 사교육도 나쁘지 않지만, 장기적인 학습 계획을 고려해서 학생에게 맞는 것이 무엇인지 고민해 보아야 한다.

둘째, 넓은 관점에서 역사교육을 바라보고, 장기적인 관점에서 사교육을 생각해야 한다. 당장 성적을 높이려는 목적으로 사교육을 하다 보면 효과를 거두기 어렵다. 특히 어린 학생에게는 역사에 대한 첫인상이 중요한데 자칫 잘못하면 역사를 싫어하게 만들 수도 있다. 역사를 잘하는 학생은 사교육을 많이 받은 학생이 아니라 역사를 좋아하는 학생이고, 역사를 좋아하는 학생은 사교육이 아니라 역사 관련 독서나 활동 등을 통해 자연스럽게 학습하는 학생임을 알아야 한다. 또 학교급이 올라갈수록 지엽적인 암기보다 사고력을 요구하므로 독서를 많이 하는 학생이 역사를 좋아하게 되고, 역사를 좋아하는 학생이 좋은 성적을 받는 순환 고리가 형성된다.

초등학교 수준에서는 중요한 사건이나 인물에 대한 단편적인 지식을 암기하고 이해하는 것이 물론 필요하다. 그러나 대학수학능력시험과 같은 고등학교 수준에서는 사료를 비롯해 다양한 문헌 자료들을 읽고 해석하고 추론하는 능력이 요구된다. 그렇기 때문에 교과서 내용을 열심히 암기하고 지식이 많은 학생이라 하더라도 문제에 제시된 낯선 사료나 글을 읽어 내지 못해 역사에서 좋은 성적을 얻지 못하는 경우가 많다. 그래서 어릴 때부터 역사를 잘하기 위한 역량을 길러 줘야 한다. 가장 좋은 방법은 역시 독서를 통해 다양한 자료를 최대한 많이 접하게 하여 통찰력을 키우는 것이다.

셋째, 앞에서도 언급했듯이 역사를 재미있게 생각하는 것이 중요하다. 역사를 좋아하고 흥미롭다고 느껴야 다양한 자료의 내용을 읽으려 하고, 그러다 보면 역사 과목이 재미있어진다. 역사를 좋아하지만 성적이 나쁘면 역사에 대한 흥미를 잃기도 한다. 학부모는 이런 점을 염두에 두고 학생의 관심과 흥미, 적성을 고려하여 필요하다면 사교육을 적절히 활용하는 것이 좋다. 성취욕이 높은 학생이라면 역사를 잘한다는 평가를 받아 보게 하는 것도 좋다. 예를 들어, 초등학생이라도 한국사 능력 검정시험에 도전해 보면 역사에 대한 성취감을 얻을 수 있을 것이다.

역사에 흥미가 없더라도 시험 성적이 잘 나오면 역사를 좋아할 수 있다. 흥미와 성적은 상호적이다. 역사에 대한 기초 지식이 부족해 흥미를 느끼지 못하는 학생은 먼저 기본적인 내용을 익히게 하는 것이 중요하다. 이때 사교육이 도움이 될 수 있다. 역사의 기본적인 사항을 익히면 그동안 이해하기 어려웠던 학교 수업이 수월해지고 자존감도 높아져 학업에 도움이 되며 역사가 좋아질 수 있다. 다만 이때 사교육 수준이 학생에게 적절한지, 과도한 학습 부담으로 연결되지 않는지 세심하게 체크해야 한다.

또한 다양한 사교육 방식을 적절히 활용하는 것이 좋다. 예를 들어, 시험에서 좋은 성적을 거두기 위해 보습학원이나 인터넷 강의 같은 사교육의 도움을 받을 수 있다. 그러나 역사 지식의 수준이 높고 역사를 좋아하는 학생이라면 역사와 관련된 토론 수업이나 논술을 가르치는 사교육이 도움될 수 있다. 특히 토론이나 논술을 통해 심화 내용을 탐구하고 고민하고 논쟁하는 방법을 배우면 역사학습에 많은 도움이 된다. 배경 지식이 많은 학생은 토론이나 논술을 좋아할 가능성이 높고, 학교 현장에서 충분히 경험하지 못해 아쉬웠던 부분을 보완할 수 있다. 계속 강조하지만, 중요한 것은 학생의 수준과 성향, 목표에 따라 사교육 형태나 방식을 선택해야 한다는 점이다.

학생의 학습 상태는 나이와 학교급에 따라 계속 변한다. 지속적으로 관찰하면서 한 가지 교육 방법에 안주하지 말고 필요에 따라 적시에 알맞은 사교육을 적용해 주면 된다. 그러나 학교 수업이 가장 중요하다는 사실을 잊지 말자. 학교 수업을 기본으로 하고 필요한 경우에만 사교육을 약간 가미하는 것이 좋다. 학교 수업을 포기하고 사교육에 매진하는 것은 매우 위험하고 바람직하지 않다.

역사 체험 프로그램

구체적으로 역사학습에 도움이 되는 프로그램이나 도서, 영상에는 어떤 것이 있을까? 먼저, 역사 체험 프로그램이 있다. 박물관이나 전시관 또는 지자체별로 다양한 역사교육 프로그램이 마련되어 있다. 특히 초·중등 자녀의 부모는 주말이나 방학 때 나들이를 겸해 아이와 함께 이런 다양한 프로그램을 이용하면 좋다. 박물관 역사교육 프로그램의 경우, 도슨트나 학예사와 함께 정해진 주제에 맞춰 유물을 관람하고 관련 학습 활동을 하는 형태로 구성되어 있다. 국립중앙박물관이나 서울역사박물관뿐 아니라 지역 박물관에서도 다양한 역사 프로그램을 운영한다.

요즘에는 박물관이나 전시장에서 과거와 달리 학생들의 흥미를 끌 만한 전시 체험 프로그램을 많이 기획하고 있다. 눈으로 보기만 하는 것이 아니라 직접 체험할 수 있는 특별 공간도 마련되어 있다. 대한민국역사박물관이나 국립중앙박물관, 국립공주박물관의 온라인 체험관 등 많은 박물관이 새로운 프로그램을 마련해 성과를 거두고 있다.

우선, 우리나라 대표 박물관인 국립중앙박물관을 보자. 2005년에 용산으로 신축 이전해 현재 110만 점에 달하는 한국 문화유산을 상설 전시하는 국내 최대, 세계 13번째 규모의 박물관이다. 이곳에는 우리나라의 역사와 문화를 시대와 주제별로 보여 주는 6개의 상설

국립중앙박물관

전시관이 있고, 다양한 내용을 선보이는 특별 전시관도 있다. 또 따로 마련된 어린이 박물관에서는 다채로운 역사 문화 교육 프로그램을 운영하고 있다. 어린이 박물관의 상설 전시장에서는 다양한 역사 체험 프로그램을 진행한다. 예를 들어, 한창 더운 여름에 '오싹오싹 박물관' 같은 프로그램을 운영해 어린이들이 특별한 체험 활동을 통해 역사를 이해하도록 하고 있다.

　　서울역사박물관은 종로구 새문안로 옛 경희궁터에 있다. 서울고등학교가 다른 곳으로 이사 간 뒤 박물관이 들어섰다. 2002년에 개관한 이 박물관은 선사 시대부터 현대까지 서울특별시의 역사 문화를 정리해서 보여 준다. 주로 조선 중기 이후부터 20세기 말까지의 자료와 전시물로 구성되어 있다. 이곳은 상설 전시실, 온라인 전시실, 어린이 박물관, 기획 전시실을 갖추고 있으며, 기간을 정해 외국 박물관 소장품을 특별 기획·전시하고, 각종 역사교육 프로그램을 운영하고 있다.

대한민국역사박물관은 세종 대왕 동상이 자리하고 있는 종로구 광화문 사거리 옆에 있다. 2012년에 개관한 대한민국역사박물관은 한국 현대사의 생생한 사건들을 담은 자료들을 소장하고 있다. 대한민국의 탄생과 발전을 이끌어 온 우리 국민의 다양한 역사적 경험을 함께 나누고 공감하는 역사 문화 공간이다. 15만 점이 넘는 아주 방대한 소장 자료가 있는데, 그중에는 학생들이 학교에서 배우는 중요한 자료도 많다. 예를 들어, 〈기미독립선언서〉, 『님의 침묵』 초간본, 대한 제국 애국가 악보, 상하이에서 발행했던 『독립신문』, 안중근 의사의 유묵 등과 같은 희귀 자료와 4·19혁명 당시 여고생의 일기, 5·18민주화운동 당시 경찰관의 일지같이 개인 기록을 통해 한국 현대사를 조명하는 자료, 1960년대 독일로 파견된 광부나 간호사 관련 자료, 새마을 운동 자료, IT 산업 발전사 관련 자료 등 우리가 어떤 과정을 거쳐 오늘날에 이르게 되었는지 알게 해 주는 한국 현대사의 아주 귀한 자료들이 소장되어 있다.

박물관에서 진행하는 다양한 역사 체험 프로그램은 실제로 교육적으로 활용할 수 있다. 학생들이 흥미를 느낄 수 있도록 각종 영상은 물론 VR이나 AR 등 최신 디지털 기술을 활용해 가상 현실 체험관과 같은 별도의 공간을 운영하는 곳도 있다. 국립공주박물관의 가상 체험관, 가상 현실 체험관은 과거의 한 시대로 들어가서 시대 분위기를 느낄 수 있도록 한다.

박물관을 방문하는 것도 역사교육에 도움이 되지만, 역사 체험 프로그램도 빼놓을 수 없다. 역사교육에서는 역사 자료, 즉 사료가 가장 중요하고 기본이 되지만, 문헌 사료 학습 못지않게 중요한 것이 답사를 통한 역사 체험이다. 역사적 사건이 일어난 현장에 직접 가서 보고 그곳에서 일어난 일을 한번 생각해 보는 것이다. 가족이 함께 답사 프로그램을 통해 역사학습을 하는 것도 좋은 방법이다. 박물관이나 문화재청 등 여러 기관에서 주관하는 역사 답사 프로그램도 있는데, 이런 프로그램은 학생뿐만 아니라 학부모에게도 대단히 유익하다. 무엇보다 자녀는 부모와 함께 역사 현장을 봄으로써 역사에 대한 좋은 경험을 함께 나누고 여가도 즐길 수 있다.

예를 들어, 문화재청에서 진행하는 왕릉 답사 프로그램은 한나절 또는 반나절 정도에 다녀올 수 있는 지역을 대상으로 한다. 경복궁, 창덕궁, 창경궁, 덕수궁 등 여러 궁을 가이드의 안내를 받으면서 관람하는 역사 프로그램도 매우 좋다. 서울 인근 지역에는 조선 시대 왕릉이 많다. 그리고 서울은 조선 시대 수도였기 때문에 궁이 많다. 서울뿐 아니라 부산, 부여, 공주, 경주 등도 좋은 역사 현장이 많다. 학교에서 배우는 역사교육과 현장 교육이 함께 어우러지면 역사 학습에 매우 효과적일 것이다.

책과 영화로 공부하는 역사

역사학습에 도움이 되는 방법 중 빠지지 않는 것이 역사 관련 독서다. 과목을 불문하고 책 읽기의 중요성은 아무리 강조해도 지나치지 않다. 요즘에는 디지털 기기에 익숙한 학생이 많다. 스마트폰 등 디지털 기기를 보는 시간이 굉장히 많아지다 보니 학생들이 글을 읽고 이해하는 능력, 즉 '문해력'이 저하되고 있다. 따라서 독서를 통해 이런 부분을 잘 보완해야 한다. 독서는 모든 학습의 가장 중요한 기본이다. 역사공부도 독서가 출발점이다. 역사 연구 대상은 대부분 옛사람들이 남긴 기록이나 연구자들이 이런 사료를 보고 연구해서 쓴 논문, 저서 등이기 때문이다. 따라서 역사공부에서도 문해력이 굉장히 중요하다.

전문 역사가들의 연구 결과가 초·중등 학생이나 일반인들의 교양을 위해 쉬운 내용으로 많이 출간되고 있다. 이러한 책을 통해 역사공부를 더 재미있게 할 수 있을 것이다. 역사 관련 도서의 선택 기준은 독자다. 책을 선택할 때는 읽는 학생의 수준을 잘 고려해야 한다. 어린 학생들을 위한 만화책을 비롯해, 다양한 형태의 책이 나와 있다. 역사책이 많다 보니 필자에게 어떤 책이 좋은지 추천해 달라는 사람들이 간혹 있다. 특히 필자의 전공 분야인 로마사에 관한 좋은 책을 소개해 달라는 요청을 받기도 한다. 책을 선택할 때 가장 기본적이고 중요한 기준은 읽는 사람의 지적 수준, 나이, 이해력이다. 그래서 학생이 좋아하는 주제를 다룬 책으로 출발하는 것이 좋다. 거부감 없이 독서를 할 수 있기 때문이다.

역사 관련 독서를 할 때 주의할 점이 있다. 저자의 시각이 지나치게 편향적이지 않은지 확인하는 것이다. 특히 우리나라 근현대사 관련 책 중에는 편향된 시각이 반영된 것들이 있다. 저자를 면밀히 살펴보고 균형 감각을 갖춘 책을 읽어야 한다.

역사 소설도 역사공부에 도움이 된다. 그런데 역사 소설에는 허구가 가미되어 있다는 사실을 염두에 둬야 한다. 역사 소설은 역사를 소재로 하지만 작가의 상상력으로 만들어 낸 문학 작품이므로 책을 읽을 때 사실과 허구를 잘 구별할 줄 알아야 한다. 그래서 역사 소설을 읽고 역사책이나 사전, 다큐멘터리 등을 통해 혹시 사실과 다른 내용이 있지 않은지 검증해 보거나 부모와 자녀가 함께 소설에서 다룬 내용을 담은 역사책을 읽고 대화를 나눠 보는 것도 좋을 것이다.

역사 관련 소재를 다룬 드라마나 영화도 쉽게 접할 수 있다. 그런데 역사 드라마 혹은 영화를 볼 때 유의할 점이 있다. 역사 소설과 마찬가지로 역사 드라마도 역사 왜곡, 미화 등의 논란을 피하기 어렵다. 흥미를 유발하고 관객 동원이나 시청률을 높이기 위해 작가는 역사를 소재로 하지만 상상력을 발휘해 많은 스토리를 창작한다. 그렇게 집어넣은 것이 어느 시대나 인물을 이해하는 데 자연스럽게 도움이 되기도 하지만, 그것이 지나쳐 역사를 아주 왜곡하거나 사실과 달라 문제가 되기도 한다. 심지어 사회적으로 논란거리가 되는 경우도 있다. 따라서 역사를 소재로 한 소설이나 드라마, 영화 등을 무조건 받아들이지 말고 비판적으로 바라보는 시각이 필요하다.

드라마나 영화를 역사 탐구 계기로 삼거나 역사를 바라보는 비판력 향상 기회로 삼는다면 나름대로 의미가 있을 것이다. 작품을 본 뒤 관련 사실을 정확하게 탐구하고 인터넷으로 작품 평가 내용을 검색해 보면 어떤 부분이 역사적 사실과 맞고, 어떤 부분이 부합하지 않는지 확인할 수 있다. 그런 식으로 검증하면 역사 지식도 함양되고 역사적 사고력도 향상될 것이다.

예를 들어, 2000년에 나온 영화 〈글래디에이터 Gladiator〉를 보자. 이 영화의 감독 리들리 스콧 Ridley Scott 은 역사 영화를 많이 만들었다. 작품 제목 '글래디에이터'는 검투사라는 뜻이다. (제목이 암시하듯 폭력적인 장면들 때문에 15세 관람가인) 이 영화는 로마 제정의 전성기였던 2세기 말 5현제 중 한 사람인 마르쿠스 아우렐리우스 Marcus Aurelius 황제의 이야기다. 마르쿠스 아우렐리우스는 『명상록』을 쓴 스토아 철학자이며 아주 훌륭한 황제로 알려져 있다. 영화 내용은 다음과 같다. 마르쿠스 아우렐리우스 황제는 말년에 후계자에게 권력을 이양해야 하는데, 청년이 된 아들 콤모두스 Commodus 는 황제의 자질이 별로 없었다. 그래서 황제는 콤모두스 대신 자기가 신임하는 막시무스 Maximus Decimus Meridius 장군에게 권력을 물려주기로 마음먹고, 아들을 불러 말한다. "너는 내 아들이지만 황제의 자질이 없으니 그냥 평범하게 살아라." 그러자 아들이 매우 분노한다. 평소에도 아버지가 자기를 인정하지 않는 것에 불만을 품었기에 아버지를 죽이고, 부하를 시켜 막시무스 장군을 죽이도록 한 뒤 자기가 황제 자리에 오른다. 다행히 막시무스 장군은 탈출해 목숨을 건진다. 콤모두스는 아버지의 예상대로 정치를 잘하지 못했을 뿐만 아니라 폭정을 일삼았다. 심지어 검투사 경기에 직접 출전하는 등 노는 데만 관심이 많았다. 막시무스 장군은 나중에 로마에서 검투사가 되어 콤모두스 황제와 검투 대결을 하다가 둘 다 죽는다. 한편, 루킬라Lucilla 공주와 막시무스 장군은 서로 사랑하는 사이로 그려진다.

영화에는 이처럼 우리에게 잘 알려진 역사적 인물들이 등장하지만 흥행을 위해 실제 역사와 많이 다르게, 왜곡해서 만들었다. 역사에 따르면 마르쿠스 아우렐리우스 황제는 자기 아들 콤모두스를 후계자로 세우기 위해 열심히 준비시켰다. 그리고 그가 죽고 나서 콤모두스가 황제가 되었다. 그런데 콤모두스는 워낙 황제 자질이 없어 정치를 잘 못하고 검투사 놀이에 빠져 있었다. 그는 로마가 위기에 처했을 때 제대로 수습하지 못해 결국 암살되었다. 그것이 역사적 사실이다. 그런데 영화는 황제가 자기 아들에게 원래부터 권력을 넘겨주려 하지 않았다고 전제하고 사랑과 복수의 영화로 만들었다.

사람들은 그 영화를 부담없이 재미있게 보지만 로마 역사 선공자 입장에서 보면 역사를 많이 왜곡한 셈이다. 그렇지만 전공자가 아니면 이런 사실을 알 수 없다. 이런 영화도 인터넷에서 검색해 보거나 책을 찾아 보면 어떤 점이 역사적 사실과 다른지 금방 알 수 있다.

역사 영화를 볼 때는 배경이 되는 당시 시대상도 알아보고 역사적 사실을 얼마나 반영했는지도 살펴볼 필요가 있다.

지금까지 내용을 정리해 보자. 우선, '사교육은 무조건 나쁘다'는 부정적 인식은 문제가 있다. 역사학습의 경우 학생의 적성과 흥미를 고려해 박물관 견학이나 역사 유적지 탐방, 역사 관련 도서 읽기, 역사 드라마나 영화 보기 등 다양한 학습 활동을 통해 역사에 대한 이해를 심화할 수 있다. 다시 한번 강조하지만, 교실에서 이루어지는 수업이 역사학습의 기본이고, 거기에 다양한 학교 수업 외 활동(사교육)이 더해지면 역사학습에 많은 도움이 될 것이다.

10장

한국사 능력 검정시험, 이렇게 준비하자

10장에서는 다양한 사람들이 관심을 갖고 응시하는 한국사 능력 검정시험에 대해 알아보려고 한다. 한국사 능력 검정시험의 개요, 유형, 활용처를 살펴보고, 기출 문제를 통해 출제 경향도 분석해 보겠다.

한국사 능력 검정시험이란

2006년 11월 25일부터 국사편찬위원회가 주관하는 한국사 능력 검정시험이 시행되고 있다. 한국사 능력 검정시험은 한국사에 대한 관심을 확산·심화하는 계기를 마련하고, 한국사에 대한 폭넓고 올바른 지식을 공유해 균형 잡힌 역사의식을 갖도록 하기 위해 도입되었다. 이 시험은 2023년 기준으로 연 6회 시행되며, 심화 과정과 기본 과정으로 나누어 1급부터 6급까지 있는데, 1-3급은 심화 과정이고 4-6급은 기본 과정으로, 서로 다른 문제가 출제된다.

심화 과정은 한국사에 대한 체계적인 이해를 바탕으로 한국사의 주요 사건과 개념을 종합적으로 이해하고 역사 자료를 분석하며 해석하는 능력, 한국사의 흐름 속에서 시대적 상황 및 쟁점을 파악하는 능력을 평가한다. 심화 과정 시험은 80점 이상 획득하면 1급, 70점 이상 획득하면 2급, 60점 이상 획득하면 3급이 수여된다.

기본 과정은 기초적인 역사 상식을 바탕으로 한국사의 필수 지식과 기본적인 흐름을 이해하는 능력을 평가한다. 기본 과정 시험은 80점 이상 획득하면 4급, 70점 이상 획득하면 5급, 60점 이상 획득하면 6급이 수여된다.

한국사 능력 검정시험의 도입 배경을 살펴보자. 우선, 학교 교육에서 국사(현 한국사)의 위상 하락이 문제가 되었다. 제6차 교육과정까지 국사는 교과 필수 과목으로 고등학생이면 누구나 학습하고 대학수학능력시험에서도 반드시 응시해야 했다. 그러나 제7차 교육과정부터 사회탐구 총 11과목 중에서 4과목까지 선택하는 체제로 바뀌면서 국사는 신설된 한국 근현대사와 함께 선택 과목의 하나가 되었다. 따라서 2005학년도부터 학생들은 수능시험 사회탐구 과목으로 국사를 선택하지 않아도 되었다. 그에 따라 국사 과목에 대한 열의가 약화될 수밖에 없었다.

둘째, 주변 국가들의 역사 교과서 왜곡 등 역사 전쟁이 시작되었다. 중국은 2002년부터 2007년까지 '동북 공정東北工程'이라는 명목하에 막대한 재정을 투자하며 중국의 고대사 영역을 현재의 정치적·영토적 영역에 맞추려 시도했다. 동북 공정은 동북 변강 지역, 즉 중국의 랴오닝성遼寧省, 지린성吉林省, 헤이룽장성黑龍江省이 있는 동북 3성의 역사 및 현 상황에 대한 연구 사업 계획이었다. 그러나 동북 공정은 실상 현재 중국 영토의 모든 역사를 중국의 역사로 규정하려는 역사 왜곡의 시도였다. 그래서 한때 우리의 고대사가 펼쳐졌던 고구려의 역사, 특히 만주 지역에 있는 고구려의 역사가 고대 중국의 지방 정권 역사로 왜곡되는 상황이 벌어졌다.

위로는 중국과 동북 공정이라는 역사 전쟁을 벌이는 한편, 아래로는 한일 간 대립과 갈등 요소인 독도 분쟁이 끊이지 않았다. 일본은 독도를 일본 영토라고 주장하며 자국 역사 교과서에 독도에 대한 영유권 주장을 계속 수록하면서 역사 왜곡을 이어 가고 있다. 주변국들이 우리의 영토 또는 우리의 역사인 고구려나 현재 점유하고 있는 독도를 자기네 것이라고 주장하면서 역사 교과서에 담아 학생들에게 교육시키자 우리도 역사교육을 강화할 필요가 생겼다.

이렇듯 주변 국가들의 역사 왜곡 문제를 모든 국민이 좀 더 심각하게 생각하고 우리의 고대사, 현대사에 대한 인식을 강화하자는 차원에서 한국사 능력 검정시험이 도입된 것이다.

한국사 능력 검정시험의 출제 유형

한국사 능력 검정시험은 총 50문항이며 역사교육의 목표 준거에 따라 여섯 가지 유형으로 구분된다. 첫째, 역사 지식의 이해 영역이다. 역사 탐구에 필요한 기본 지식을 갖고 있는지 묻는다. 역사적 사실, 개념, 원리 등의 이해 정도를 측정한다. 예를 들어, 신라의 삼국 통일이 어떤 역사적 의의를 지니는지 한국 국민이라면 누구나 정확히 이해하고 있어야 된다는 것이다. 그래서 이런 종류의 질문을 던지고 얼마나 이해하고 있는지 평가한다.

둘째, 연대기 파악 영역이다. 역사는 연대기순으로 일어나고, 앞에서 일어난 일이 뒤에 일어난 일에 영향을 주게 되어 있다. 그래서 역사의 연속성과 변화 및 발전을 이해하는지 묻는다. 역사적 사건이나 상황을 시대순으로 정확하게 이해하고 인과 관계를 파악할 수 있는지 측정한다. 예를 들어, 임진왜란의 원인과 조선 사회에 끼친 영향 등을 묻는다. 한국사 교과서에서 조선 시대는 임진왜란 전과 후로 크게 나누어 구성되어 있다. 그렇다면 임진왜란은 왜 일어났고 그것이 조선사에 어떤 영향을 주었는지, 이것이 조선 시대사를 둘로 나누는 기준이 될 수 있는지 묻는 것이다.

셋째, 역사 상황 및 쟁점의 인식 영역이다. 제시된 자료에서 해결해야 할 구체적인 역사 상황과 핵심적인 논쟁점·주장들을 찾을 수 있는가를 묻는다. 문헌 자료나 도표, 사진 등의 형태로 주어진 자료에서 해결해야 할 과제를 포착하거나 변별해 내는 능력이 있는지 측정하는 것이다. 예를 들어, 일제강점기가 그 후 역사에 어떤 영향을 주었는가를 둘러싸고 역사학계에 내재적 발전론과 식민지 근대화론이라고 하는 대립되는 쟁점이 있다.

내재적 발전론은 우리나라가 19세기까지 내부적으로 잘 발전하고 있었는데, 일제가 우리를 강압적으로 병합하고 그 지배하에 우리가 수탈당함으로써 발전할 기회를 상실하고 내부적으로 엄청난 고통을 당했다는 이론이다.

이에 대해 식민지 근대화론은 일제의 지배를 당한 것은 안타까운 일이지만 우리나라가 일제의 식민 지배 시기와 해방 이후, 그리고 1960년대와 1970년대를 거치면서 한국 경제가 급성장하여 '근대화' 과정을 겪었는데, 일제강점기에 이러한 근대화의 토대가 시작되었다는 이론이다. 일제의 지배를 정당화하고 인정하는 것은 아니지만, 한국 경제가 20세기 후반 성장하고 21세기에 거의 10위권에 도달하는 강력한 성장을 한 토대가 일본의 식민 지배 시기에 마련되었다는 이론이다.

내재적 발전론은 한편에서는 수탈론이라고 해서, 일본의 지배로 인해 한국 경제가 아주 많은 피해를 입은 것으로 보고, 만약 일제의 지배를 받지 않았다면 우리 스스로 근대화에 성공하고 경제 발전을 이룩했을 것이라고 가정한다.

식민지 근대화론은 일제 식민 지배가 이미 일어난 일이라는 점,

1945년 이후 특히 1960년대 이후 이룩한 경제적 성취가 완전히 무에서 유를 창조했다기보다는 일제강점기에 경제적 발전의 토대가 놓인 것은 부인할 수 없는 사실이라는 점을 주장한다.

지금도 한국 경제사학계에서 대립하고 있는 두 이론은 각각 주장하는 강조점이 다를 뿐이다. 이런 논쟁을 통해 학생들은 한국 근현대사를 이해하는 방식에 큰 차이가 있음을 알고 하나의 이론으로 역사를 설명할 수 없다는 것을 인식하게 된다.

넷째, 역사 자료의 분석 및 해석에 관한 영역이다. 자료에 나타난 정보를 해석해서 의미를 파악할 수 있는지 묻는다. 정보 분석을 바탕으로 자료의 시대적 배경과 사회적 의미를 해석할 수 있는지 측정한다.

예를 들어, 전근대 사회는 사실 삼국 시대부터 통일신라, 고려 시대까지 불교가 국가의 종교로서 중요한 역할을 했다. 불교에서는 불상을 모시는데, 불상의 모습을 통해 삼국 시대부터 고려 시대까지의 사회 변화를 비교사적으로 알아볼 수 있는지 측정한다.

다섯째, 역사 탐구의 설계 및 수행 영역이다. 제시된 문제의 성격과 목적을 고려해 절차와 방법에 따라 역사 탐구를 설계하고 수행할 능력이 있는지 묻는다.

여섯째, 결론 도출 및 평가 영역이다. 주어진 자료의 타당성을 판별하고 여러 자료를 종합해 결론을 도출할 수 있는지 묻는다.

한국사 능력 검정시험 활용하기

한국사 능력 검정시험은 한국사에 관심이 있다면, 그리고 자신의 역사적 사고력을 측정하고, 한국사에 대한 이해가 어느 정도인지, 측정하고 싶다면 누구나 응시할 수 있다. 국적도 나이도 제한이 없다. 초등학생, 군인, 일반인, 외국인 모두 응시할 수 있다. 이 시험은 합격, 불합격이 중요한 것이 아니라 한국사에 대한 학습 능력을 인증하는 것이다. 다만 심화 과정과 기본 과정으로 나누어 등급을 매긴다. 그리고 다음과 같이 국가 기관 또는 공공·민간 기관에 취업할 때와 국가 사업에 참여할 때, 또는 일부 학교의 입시에서 일정 급수 이상을 요구하거나 기준에 따라 가산점을 주기도 하고 시험 대체 인정을 해주는 경우도 있다.

- 한국사 능력 검정시험 2급 이상 합격자에 한해 인사혁신처에서 시행하는 5급 공무원 공개 경쟁 채용 시험 및 외교관 후보자 선발 시험에 응시 자격 부여
- 한국시 능력 검정시험 3급 이상 합격자에 한해 교원 임용 시험 응시 자격 부여
- 국비 유학생, 해외 파견 공무원 선발 시 국사 시험을 한국사 능력 검정시험(3급 이상 합격)으로 대체
- 한국사 능력 검정시험 2급 이상 합격자에 한해 인사혁신처에서 시행하는 지역 인재 7급 견습 직원 선발 시험에 추천 자격 요건 부여
- 공무원 경력 경쟁 채용 시험에 가산점 부여

- 군무원 공개 경쟁 채용 시험에서 국사 과목을 한국사 능력 검정시험으로 대체
- 7급 국가(지방)공무원 공개 경쟁 채용 시험에서 한국사 과목을 한국사 능력 검정시험으로 대체
- 순경 공채, 경찰 간부 후보생 등 경찰 채용 필기시험 한국사 과목을 한국사 능력 검정시험으로 대체
- 소방 공무원, 소방 간부 후보생 공개 채용 필기시험 한국사 과목을 한국사 능력 검정시험으로 대체
- 일부 공기업 및 민간 기업의 직원 채용이나 승진 시 반영
- 일부 대학의 수시 모집 및 육군·해군·공군·국군간호사관학교 입시 가산점 부여

(국사편찬위원회 한국사 능력 검정시험 홈페이지, 2023년 기준)

이렇게 한국사 공부도 되고 취업이나 입시에도 도움이 되기 때문에 많은 사람이 한국사 능력 검정시험을 보고 있다. 한국사 능력 검정시험 홈페이지(https://www.historyexam.go.kr)에 그동안 시행된 모든 문제와 답이 나와 있고 다운로드도 가능하다. EBS에서는 기출문제 해설 등 여러 가지 무료 강의를 하고 있으니 자녀들에게 권유해 보는 것도 좋겠다. 또한 유튜브에도 도움이 되는 자료가 많이 올라와 있고 학원의 시험 대비 강의도 있다.

시험 문제를 풀어 보자

한국사 능력 검정시험은 학생뿐 아니라 내국인이든 외국인이든 누구나 응시할 수 있는, 한마디로 열려 있는 시험이다. 시험 내용은 학교 교육과정이나 교과서에 꼭 얽매이지 않고 자유로운 문항들이 출제되고 있다.

한국사 능력 검정시험의 가장 중요한 기준은 어떤 특정 시대에 치우치지 않도록 전근대 시대와 근현대 시대를 균형 있게 출제한다는 것이다.

한국사 교육 정치화의 폐해가 심각하다고 1장에서 지적한 바 있다. 중학교에서는 주로 전근대사를 가르치고 고등학교에서는 근현대사를 가르치다 보니, 고등학생들에게는 근현대사 위주의 역사교육이 시행되어 역사교육의 정치화 문제가 발생한다. 한국사 능력 검정시험을 보려면 특정 시대가 아닌 고대부터 현대까지 통사적으로 시대마다 중요한 것들을 인지하고 있어야 한다.

시험 문제는 정치, 경제, 사회, 문화 등 각 분야에서 골고루 출제된다. 최근 국사편찬위원회에서 문화사 분야의 출제 비중을 강화하겠다고 발표했기 때문에 문화사 관련 문제도 많이 나올 것으로 예상된다.

시험 문제에 대해 구체적으로 살펴보자. 시대를 통합한 문항의 경우, 삼국 시대(고대)나 근현대 내용만 나오는 것이 아니라 고대부터

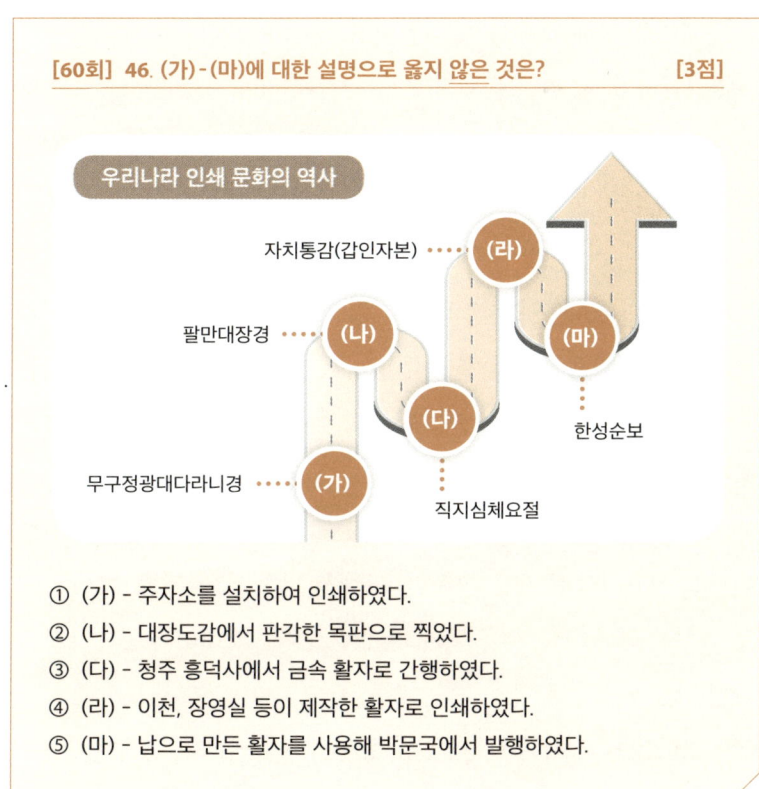

현대까지 쭉 이어지는 흐름을 보고 그 안에서 답을 찾는 문제다. 예를 들어, 60회 심화 46번 문제는 우리나라 인쇄 문화유산에 대한 설명 중 옳지 않은 것을 고르는 문제로, 3점짜리다.

　답은 "(가) - 주자소를 설치하여 인쇄하였다."이다. 무구정광대다라니경은 석가탑에서 나온 것이기 때문에 신라 시대 것이다. 그리

10장 한국사 능력 검정시험, 이렇게 준비하자

고 주자소는 근대 것이기 때문에 서로 시기가 맞지 않다.

그다음 65회 39번 문제는 (ㄱ)-(ㅁ)에 대한 탐구 활동으로 적절하지 않은 것을 찾는 문제다. 삼국 시대부터 근대까지 한국 교육의 역사를 쭉 늘어놓고 있다. (ㄱ)은 삼국 시대 국가가 운영한 기관, (ㄴ)은 고려 시대 사학 이야기다. (ㄷ)은 성균관, 향교 등 관학에 대한 내용이다. 그리고 (ㄹ)에서는 19세기 말 서구 문물을 접하면서 정부가 새로운 변화에 대처하고 행정의 실무를 담당할 필요에서 학교를 설치했다고 말한다. (ㅁ)은 갑오개혁 때 '교육 입국 조서教育立國詔書'가 반포된 이후 각종 관립 학교가 세워져 교육을 담당했다는 내용이다.

이 지문에서 (ㅁ) 시기의 배재 학당과 이화 학당은 관립 학교가 아니고 선교사들이 세운 학교다. 그래서 답은 ⑤가 된다. 이런 식으로 인쇄 문화나 한국 교육 등의 역사적 흐름을 고대부터 근대까지 정확히 알고 있어야 한다.

그다음 60회 기본 과정 5번 문항에서 주어진 다른 보기로 유추하면 (가)에 해당하는 것은 백제 시대 때 유물이나 유적임을 알 수 있다. ① 첨성대, ② 미륵사지 석탑, ③ 무용총 수렵도, ④ 성덕 대왕 신종 중에서 백제 시내에 해당하는 것은 ② 미륵사지 석탑이다. 첨성대와 성덕 대왕 신종은 신라 시대에 속하고 무용총은 고구려 시대에 속한다.

이것은 고대사 영역인데, 우리나라 역사를 균형 있게 알게 하려고 시대나 소재를 골고루 다양하게 출제하고 있다. 기출문제를 풀면서 시험 경향도 파악하고 시험 감각도 익히면 많은 도움이 될 것이다.

[65회] 39. (ㄱ)~(ㄷ)에 대한 탐구 활동으로 적절하지 않은 것은?　　[3점]

한국 교육의 역사

　　삼국 시대에는 (ㄱ) 국가가 운영하는 기관을 통해 제도적인 교육이 이루어졌다. 이때 교재는 유학 경전과 역사서가 중심이었다.
　　고려 시대에 와서 과거제가 실시되었다. 조상의 음덕을 입은 관직 진출도 있었지만, 과거에 합격하는 것을 영예롭게 여기기도 하였다. 이 과정에서 관학인 국자감 못지 않게 (ㄴ) 사학 역시 중요한 역할을 하였다.
　　조선 시대의 교육 기관은 (ㄷ) 관학으로 성균관·향교 등이 있었고, 사학으로 서원 등이 있었다. 국가는 교육을 통해 성리학의 이념을 확산시키고, 통치 질서를 유지하려고 하였다.
　　19세기 말 서구 문물을 접하면서 교육에도 상당한 변화가 일어났다. (ㄹ) 정부는 새로운 변화에 대처하고 행정의 실무를 담당할 필요에서 학교를 설치하였다.
　　갑오개혁 때 (ㅁ) 교육 입국 조서가 반포된 이후에는 각종 관립 학교가 세워져 교육을 담당하였다. 한편 선교사들은 기독교를 전파하고 서양 문화를 보급하려고 학교 설립에 앞장섰다.

① (ㄱ) - 태학의 설립 취지를 찾아본다.
② (ㄴ) - 9재 학당의 수업 내용을 조사한다.
③ (ㄷ) - 명륜당과 대성전의 기능을 알아본다.
④ (ㄹ) - 동문학과 육영 공원의 운영 목적을 분석한다.
⑤ (ㅁ) - 배재 학당, 이화 학당의 설립 시기를 파악한다.

[60회] 5. (가)에 들어갈 가상 우표로 적절한 것은? [2점]

우리 반에서는 공주와 부여에 도읍했던 국가의 문화유산을 소재로 우표를 만들었습니다.

정림사지 오층 석탑

석촌동 고분군

(가)

무령왕릉 석수

①
첨성대

②
미륵사지 석탑

③
무용총 수렵도

④
성덕 대왕 신종

11장
디지털 시대의 역사교육

11장에서는 디지털 시대라는 변화된 환경에서 역사교육은 어떻게 이루어져야 할지 생각해 보고, 디지털 기기와 미디어가 역사학습에 활용되는 사례를 살펴본다.

변화된 환경과 역사교육

이제는 정보화 시대라는 말이 식상해졌다. 우리는 이미 디지털 시대 속으로 깊숙이 들어와 있다. 어린이부터 노년에 이르기까지 디지털 기기나 미디어의 활용이 일상화되었다. 이주와 이동이 잦아지면서 다양한 문화를 배경으로 성장한 학생도 많아지고 있다. 역사교육은 이러한 사회 변화와 다양성을 적극적으로 고려할 필요가 있다.

역사교육이 인간과 사회에 대한 이해를 확장하고 통찰력을 함양한다는 목표를 원활히 실현하려면 현재의 주입식·암기식 교육 방법에 변화가 필요하다. 역사학습은 전통적으로 학교에서 교과서를 중심으로 진행되었고, 역사를 생동감 있게 배우기 위해 수학 여행, 고적 답사와 같은 현장 답사가 추가되었다. 그런데 현대 과학의 발전으로 컴퓨터, 인터넷, 스마트폰의 사용이 일상화되고 다양한 매체를 통해 역사를 더 재미있게 배울 수 있는 환경이 마련되었다. 이러한 환경에서 학생뿐만 아니라 일반인의 역사 자료에 대한 관심과 흥미도 고조되고 있다.

미디어의 발전에 따라 역사 관련 정보, 즉 기록 자료, 유적 사진, 역사 탐방 자료를 쉽게 접할 수 있어 역사를 배우기가 훨씬 쉬워졌다. 또한 '역사의 대중화' 현상으로 '역사 상품'의 소비 욕구가 많아지고 역사를 소재로 한 다큐멘터리나 각종 예능 프로그램들이 시청자의 이목을 끌고 있다. 많은 사람이 다양한 자료를 쉽게 공유해 역사를 좋아하고 즐길 수 있게 된 것이다. 더 많은 사람이 미디어와 역사의 융합을 긍정적으로 바라보고, 앞으로 더 많은 역사 관련 콘텐츠가 생산되기를 기대한다.

미디어와 관련해서 변화된 환경에 대해 몇 가지 더 자세히 알아보자. 첫째, 역사 관련 프로그램이 증가하고 있다. 과거에는 사람들에게 재미를 선사하기 위한 개그 프로그램, 리얼 버라이어티쇼나 토크쇼가 주로 방송되었으나 지금은 역사를 주제로 한 여행 프로그램이나 교양 프로그램들이 증가하고 있다. 또한 예능 프로그램에서 역사를 특집으로 다루는 빈도도 더욱 많아지고 있다. 2006년부터

2018년까지 방영한 MBC 예능 프로그램 〈무한도전〉은 역사와 관련해 여러 특집을 진행했다. 그중 '위대한 유산' 편은 한국사와 힙합을 접목해 역사를 쉽게 배우도록 하려는 취지로 제작되었다. '배달의 무도' 편에서는 일본 하시마섬으로 음식 배달을 가서 강제 노역 현장 이야기를 직접 듣기도 했다. '궁 밀리어네어' 편은 우리나라 5대 궁을 투어하고 나서 얻은 정보로 퀴즈쇼를 벌인 조선 왕조 500년 역사 탐험 특집이었다. 아이돌 역사 특강 특집도 있었다. '위대한 유산' 편에서 발표된 노래는 2016년 당시 차트를 강타해 많은 인기를 누렸고 '배달의 무도' 편은 국제앰네스티 언론상을 수상하기도 했다.

시사 교양 프로그램인 KBS의 〈역사저널 그날〉은 매회 한국사 주제를 선정해 재현하기도 하면서 역사적 사실을 흥미롭게 전달한다. 최근에는 세계사로 주제를 확대했다. 이렇게 깊이 있고 정확한 사실을 어렵지 않게 다루는 프로그램을 통해 역사에 관한 대중의 관심이 향상되고 있다. 〈벌거벗은 세계사〉(tvN), 〈차이 나는 클라스〉(JTBC) 등도 역사를 소재로 한 프로그램이다.

둘째, 역사 에듀테이너Edutainer가 등장했다. 에듀테이너는 에듀케이션과 엔터테이너의 합성어다. 즉, 교육과 예능인을 결합한 것이다. 보통 예능은 즐거움을 선사하기 위한 것인데, 이런 엔터테인먼트적 요소를 교육에 접목한 것이다. 그래서 창의적으로 수업을 디자인해 전달하는 사람을 에듀테이너라고 한다. 그중에서 역사 에듀테이너는 사람들이 역사를 통해 현재를 살아가는 지혜를 얻을 수 있도록 다양한 역사 콘텐츠를 생산하고 대중과 소통하는 커뮤니케이터를 말한다. 역사를 쉽고 생동감 있게 설명함으로써 불특정 다수가 역사를 흥미로운 학문으로 인식하도록 하는 데 큰 역할을 한다.

그러나 역사를 흥미 위주의 예능 소재로 과도하게 활용하는 것은 문제가 있다. 역사학계의 비판 또한 만만치 않다. 역사 비전공자가 흥미를 유발하기 위해 중요한 역사적 사건이나 인물을 왜곡하거나 미화하는 등 잘못된 역사 정보가 대중에 확산되는 문제가 제기되기도 했다. 어쨌든 역사의 대중화와 역사 에듀테이너의 등장이 역사 학습에 긍정적 효과를 끼친 것을 부인할 수는 없다. 다만 소수가 역사 에듀테이너의 자리를 독점하지 않도록, 더욱이 비전공자들이 대중의 인기를 통해 역사 에듀테이너 자리를 독식하지 않도록 대학에서도 이와 관련한 많은 인재 양성이 필요하다. 여기에서 바로 공공역사학public history이라는 영역에 대한 대학의 변화가 요구된다.

셋째, 다양한 콘텐츠를 보여 주는 디바이스가 등장했다. 역사를 재미있고 쉽게 다룬 콘텐츠의 제작, 그리고 역사를 쉽게 설명해 주는 역사 에듀테이너의 활동이 활발해진 데는 디바이스의 발전이 큰 역할을 했다. 책이나 신문 혹은 TV를 통해 역사 콘텐츠 및 정보에 접하던 과거와 달리 지금은 컴퓨터를 넘어 스마트폰이나 태블릿 PC 등이 등장해 사람들이 언제, 어디서나 다양한 콘텐츠를 쉽게 접할 수 있게 되었다. 필연적으로 역사와 관련된 콘텐츠도 자주 접하게 됨으로써 사람들은 역사에 대해 더 깊은 관심을 갖게 되었다.

역사 콘텐츠와 역사교육

역사 콘텐츠는 역사 지식이 과거의 죽은 지식이 아니라 현재 사회에 필요한 인문학적 지식으로 활용될 수 있도록 기획한 역사 정보를 말한다. 역사를 탐구해서 얻은 폭넓은 지식과 바람직한 역사 인식을 함양하며 지식과 시각을 창의적으로 활용하는 다양한 역사 정보들을 역사 콘텐츠라고 할 수 있다. 역사 콘텐츠는 단순히 역사적 사실을 규명하고 의미를 부여하는 순수 인문학 자료와는 차원이 다르며 확장성과 융합성을 동시에 가지고 있다. 즉, 대학 안에서 소수의 연구자들만 공유하는 지식이 아니라 '일반 대중이 함께 공유하는 실용적이고 인문학적인 지식'이 바로 역사 콘텐츠라고 할 수 있겠다.

이러한 역사 유산으로 사극, 다큐멘터리, 박물관의 전시 기획 등 사회적 수요가 있는 다양한 문화 상품을 생산하고 활용하는 것이 중시되고 있다. 역사교육을 통해 전통문화에 대한 폭넓은 지식을 바탕으로 역사를 창의적으로 해석하고 이를 문화 산업에 활용하는 능력을 갖춘 인재를 양성해, 전 세계에 K-컬처를 보급하는 데 활용할 수 있다. 세계 각 지역의 역사를 탐구하고 이를 문화 산업의 콘텐츠로 활용하는 글로벌 인재를 양성할 수 있는 기반은 이미 마련되어 있다.

유튜브와 역사교육

유튜브YouTube는 2005년에 시작된 세계 최대 규모의 무료 동영상 서비스다. 사용자가 동영상을 자유롭게 올리거나 시청할 수 있는 장점을 갖추고 있다. 2023년 현재 세계에서 10억 명 이상이 유튜브를 이용하는 것으로 추정된다. 유튜브의 명칭은 사용자를 가리키는 'You(너)'와 미국 영어에서 텔레비전의 별칭으로 사용되는 'tube'의 합성어다.

역사공부가 지루하고 어렵고 까다롭다고 여기는 학생들에게 짧고 재미있게 편집된 유튜브 콘텐츠는 역사에 대한 흥미를 유발할 수 있다. 그래서 지금은 가히 유튜브 역사 콘텐츠 전성 시대라고 할 만큼 많은 역사 자료 콘텐츠가 올라와 있다. 관심 있는 주제어를 유튜브 검색창에 치면 없는 내용이 없을 정도로 유튜브는 엄청난 정보력을 가지고 있다. 심지어 "유튜브 속에 교실이 있다."라는 말이 있을 정도다.

이전에는 미디어로 역사공부를 하려면 교육 관련 방송이나 인터넷 홈페이지들을 이용했지만, 최근에는 유튜브의 활용도가 폭발적으로 증가하고 있다. 역사를 동영상으로 쉽고 재미있게 접할 수 있어 교육 현장에서도 유튜브를 적극 활용하고 있다. 유튜브로 역사공부를 할 때 긍정적인 반응이 많다. "책을 읽고 영상을 보니 역사가 재미있어요."라고 이야기하는 학생도 많다. 어떤 학부모는 초등학생 자녀와 함께 학습용 유튜브 채널을 정기 구독해 많은 도움을 받고 있다고 한다. 또 아이가 위인전을 읽고 나면 해당 인물과 관련해 애니메이션이나 대화식 구성, 다양한 사진 자료 등을 활용해 입체적으로 볼 수 있는 동영상 클립을 직접 검색·선별하여 함께 본다는 경험담을 이야기하기도 한다. 이순신 장군의 전기를 책으로 먼저 읽고 유튜브에서 이순신 장군과 거북선을 검색해 시청하는 방식으로 책에서 얻은 지식과 유튜브 채널에 올라와 있는 다양한 콘텐츠를 함께 학습한다는 것이다.

집에서 부모가 먼저 책을 읽고 영상 자료를 활용하는 모습을 보이면 아이는 그것을 따라 배우기도 한다. 특히 학습 영상을 같이 보면 자녀들과 대화의 공통분모가 생긴다. 학습 차원은 물론 부모와 자식 간의 소통 면에서도 유튜브는 좋은 매체로 활용될 수 있다.

"지루할 틈 없는 살아 있는 공부예요. 지난해 국립중앙박물관의 세계 유산 백제 특별전에 가기 전에 온 가족이 미리 계백 장군, 백제의 멸망 등을 검색해 동영상 학습을 했어요. 시대의 사건, 인물에 대해 알고 가니 말 그대로 박물관이 살아 있는 느낌이 들더라고요." 이처럼 유튜브를 통해 미리 특정 인물이나 사건에 대한 자료를 보고 박물관을 찾으면 훨씬 시너지 효과가 있다며 증언하는 사람들도 있다.

물론 유튜브가 다 좋은 것만은 아니므로 주의가 필요하다. 다양한 주제의 영상 콘텐츠가 많다 보니 아이의 연령대에 맞지 않는 영상도 많다. 사실과 다른 내용이 포함되기도 한다. 따라서 부모는 유튜브에 올라온 영상을 충분히 이해하고 있어야 한다. 학습 콘텐츠라 하더라도 부모가 먼저 확인하고 나서 자녀에게 보이는 것이 바람직하다. 그리고 시간을 정해서 함께 공부하는 것이 좋겠다. 유튜브에 너무 빠지면 오히려 균형적인 학습에 방해가 될 수도 있다.

사극과 역사교육

사극은 역사 혹은 역사 속 인물을 소재로 한 극의 일종이다. 역사를 소재로 한 연극이나 영화 또는 TV 드라마를 주로 사극이라고 부른다. 사실성이 강한 정통 역사인 정사를 그대로 사극에 옮긴다면 역사 마니아가 아닌 이상 흥미를 느끼기 어려울 것이다. 그리고 드라마의 예를 들면, 엄청난 제작비가 들어갔는데 시청률이 나오지 않을 경우 방송사가 그대로 놔둘 리 없다. 그래서 감독과 작가는 시청률을 높여야 하고, 그러기 위해서는 재미있어야 한다. 결국 우리가 사극을 통해 접하는 역사적 인물이나 사건은 정사가 아닌 시청률과 재미 요소 등이 고려된 결과물이다.

역사를 소재로 하다 보니, 고증이 잘못되었다든가 심지어 역사 왜곡 문제가 발생하는 경우도 간혹 있다. 가장 극단적인 예로 2021년 3월 SBS에서 방영된 드라마 〈조선구마사〉는 방영 직후 동북 공정 등 역사 왜곡, 중국 자본 투입 논란 등으로 시청자의 엄청난 반발에 직면해 방영 2회 만에 폐지되었다. 이런 일은 늘 사극에서 문제가 되는 소홀한 고증, 평면적인 묘사, 당대에 대한 몰이해 등에서 비롯되었다. 또한 제작진이 흥행을 너무 염두에 두고 상상력을 과도하게 발휘하다가 지나치게 비현실적이고 허구적인 내용으로 흘러 이런 결과가 나타났다.

역사를 전문적으로 연구하는 사람들과 그 연구 결과를 바탕으로 사극 극본을 쓰는 작가 사이에 늘 괴리가 있기 마련이다. 학자들은 객관적 증거들을 토대로 논리를 구축해서 역사서나 논문으로 정리했는데, 작가는 자기에게 필요한 부분만 떼어 내고 더욱이 재미를 가미해 스토리텔링하다 보니 그런 일이 생긴다. 역사적 사건이나 인물이 영화나 드라마로 재탄생해 인기도 얻고 성공한 경우도 있지만 그렇지 못한 경우도 있다. 예를 들어, 최근에 광해군을 소재로 한 드라마와 영화가 몇 편 나왔는데 이들은 광해군에 대한 대중과 학계의 역사 인식이 얼마나 차이 나는지 잘 보여 준다. 대중은 광해군을 소위 중립 외교로 국가의 안전을 보장하고자 했던 탁월한 식견을 가진 군주로 인식하고 있다. 하지만 학계에서는 광해군을 상징하는 중립 외교 자체에 의문을 제기하는 의견도 많다. 과연 당시 조선에서 광해군 같은 군주가 중립을 내세울 만큼 힘이 있었을까 하는 회의가 있다. 광해군을 묘사할 때 전문가의 의견을 일부 반영한 경우도 있으나 대체로 제작진이 전문가의 의견만 가지고 드라마를 만들기는 매우 어렵다. 그렇다 보니 대중적으로 알려진 내용에 근거할 수밖에 없다. 그렇다고 똑같은 드라마가 나오는 것은 아니다. 결국 작가와 감독이 인물이나 사건을 얼마나 새롭고 재미있게 묘사하고 각색하느냐에 달려 있다.

영화 〈광해, 왕이 된 남자〉에는 명나라의 파병 요구를 받아들이라는 신하들에게 가짜 광해군 하선이 "부끄러운 줄 아시오."라고 일갈하는 장면이 나온다. 이 말은 배우의 입을 빌려 관객의 속을 시원하게 해 주는 도구로 창작된 것이다. 광해군이 과연 실제로 그렇게 말했는지 여부는 중요하지 않다. 왜냐하면 이 대사는 작품에서 '어떤 지도자여야 하는가'라는 명제를 상징하기 위해 만들어졌고, 진짜 광해군이 아니라 가짜 광해군의 입을 통해 표현했기 때문이다. 이처럼 극의 내용을 풀어 가기 위해, 있을 법한 상황을 상상으로 표현한 경우에는 사실이냐 아니냐를 따지는 것이 별 의미 없다.

관객이나 시청자가 사극을 비판적으로 볼 필요도 있다. 역사 기록이 모든 객관성을 증명하는 것도 아니고 기록을 보는 사람의 해석도 다양하기 때문에, 사극을 있는 그대로의 역사로 인식하는 것은 잘못이다. 역사 소설이나 사극은 엄밀히 말하면 역사를 소재로 한, 역사에 기반한 창작물이다. 역사적 맥락을 따라가면서 허구적 상상력을 덧붙이는 방식은 고대부터 전해 내려왔다. 그러므로 기록과의 일치 여부만으로 작품을 판단할 수는 없다. 역사와 역사 소설, 사극 사이에 차이가 있다는 것을 인식해야 한다.

사극이 표현하는 야사나 야담 같은 허구에도 당대의 시대성과 성찰이 담겨 있다. 다른 장르와 달리 사극은 대부분 실존했던 인물이나 사건을 배경으로 하기 때문에 창작자가 마음대로 각색할 수는 없다. 창작자 혹은 작가는 관객이나 시청자에게 자신이 만든 세계, 자신이 재해석한 새로운 시대를 보여 주고 동의를 얻어야 한다. 또한 사극은 여러 가지 균형을 맞춰 나가야 하는 어려운 작업이므로, 사극

작가와 감독은 해당 시대를 공부해 기본적인 역사적 소양을 갖추고 있어야 한다. 또한 관객이나 시청자도 흥미 위주로만 보지 말고 사극이 담고 있는 역사적 진실이 과연 시대에 부합하는지 따져 볼 필요가 있다. 역사교육에는 사극을 적극적으로 활용하되 이런 문제를 주의 깊게 선도적으로 다루어야 한다.

스마트폰과 역사교육

전통적인 역사공부 방법으로 암기식 학습을 들 수 있다. 그런데 스마트폰의 등장으로 언제 어디서나 인터넷 검색이 가능해지면서 역사의 세부적인 연대 등을 일일이 암기하는 것이 어떤 면에서는 불필요하다는 생각이 들기도 한다. 그렇다면 스마트폰이 역사 수업을 대체할 수 있는가? 굳이 머리 써서 역사를 공부할 것 없이 스마트폰에 의존하면 되는가? 이런 의문이 들 수 있다.

 인터넷을 통해 빠르고 쉽게 다양한 역사 지식을 획득할 수 있는데도 역사 수업을 완전히 대체하지 못하는 이유는 정보의 신뢰성 때문이다. 콘텐츠의 홍수 속에서 학생들에게 잘못된 역사의식을 심어 줄 수 있는 콘텐츠도 다수 존재하는데, 학생들은 그것을 판단할 능력이 아직 부족하다. 다양한 관점과 해석을 담은 자료가 제공된다고 해서 학생들이 비판적으로 사고할 수 있는 것은 아니다. 그것은 학교 교육을 통해 배워야 한다. "국민이 건전한 재량권을 가지고 통제력을 행사할 만큼 계몽되지 않았다고 생각한다면, 그 해결책은 국민에게서 그것을 빼앗는 것이 아니라 교육으로 그들의 재량권을 알리는 것이다." 토머스 제퍼슨Thomas Jefferson의 말이다. 학생들에게 인터넷의 자유를 빼앗고 교과서 지식만 가르치는 것은 가능하지도 않고 바람직하지도 않다. 학생들이 인터넷 속에서 신뢰할 만한 자료를 찾을 수 있는 비판적 사고를 기르도록 교육하고, 그들이 주체적으로 역사를 학습해 나가도록 도와주는 것이 더 중요하다. 이러한 비판적 사고를 키우는 것이 바로 역사교육이다.

학생들에게 비판적으로 사고하는 경험을 제공하기 위해서는 역사가처럼 읽는 기회를 제공해야 한다. 샘 와인버그Sam Wineburg는 "역사교육의 출발점은 역사가처럼 의심하는 것이다."라는 말을 했는데, 이것이 바로 역사적 사고다. 교과서의 역사 지식을 당연하게 생각하고 암기하는 것이 아니라, 내용의 출처를 따져 보고 의문을 가지는 것이 중요하다는 말이다. 사료를 읽을 때도 언제 어디서 나온 것인지, 사료의 내용과 상충되는 자료는 없는지 질문하고 탐구하는 것이 필요하다.

학생들은 역사적 사고 훈련을 통해 인터넷 속 정보의 옳고 그름을 스스로 검증해야 하다. 예를 들면, 가짜 뉴스 여부를 판별하는 비판적 사고가 필요하다. 4차 산업 혁명 시대에 필요한 미디어 리터러시media literacy를 갖추어야 정보 홍수 속에서 균형을 잡고 살아갈 수 있을 것이다.

이번 장을 마무리하면서 몇 가지만 정리해 보겠다. 학생들은 변화하는 사회를 이끌어 갈 주역이다. 학생들은 스마트폰 등 발전하는 첨단 기기들을 자연스럽게 활용하는데, 이러한 환경 변화에 대한 교육계의 반응은 너무 늦다. 코로나 팬데믹을 겪으면서 인터넷을 적극적으로 활용하는 비대면 방식의 교육이 도입되었는데, 앞으로는 이러한 추세가 강화될 것으로 보인다.

학교는 변화된 사회에서 학생들이 자신의 가치를 발견하고 사회 구성원으로서 역할을 다할 수 있도록 교육해야 한다. 인터넷과 스마트폰 등 매체를 적극적으로 활용해 학생 개개인의 학습 욕구를 충족하고 사회에서 필요한 역량을 개발하는 교육을 실시해야 한다. 역사의 본질을 인식하면서 다양한 매체를 활용해 역사를 가르치고 배운다면 역사학습에서 더 좋은 성과를 거둘 것이다.

역사, 이렇게 교육하자

12장에서는 다양한 관점에서 비판적으로 사고하고, 스스로 호기심을 느끼며 삶 속에서 역사를 가까이하는 학생/자녀를 길러 내기 위해 역사 교사와 학부모가 주의할 점에 대해 알아본다.

역사 교사들에게

하나의 역사관을 강요하지 마라

역사를 가르칠 때는 학생에게 하나의 역사관을 강요하지 않도록 주의해야 한다. 1장에서 한국사 교육의 정치화와 세계사 교육의 부재가 우리 역사교육의 문제라고 이야기했다. 한국사 교과서 국정화 조치가 발표되었을 때 찬성과 반대로 국론이 엇갈렸던 것을 우리는 잘 기억하고 있다. 반대하는 견해에서 가장 우려한 것은 역사교육이 획일화되고 특정 정치 편향을 가진 사상이 한국 근현대사 교과서에 반영됨으로써 역사교육에 엄청난 혼란을 줄 수 있다는 점이었다. 역사는 특성상 교과서를 서술하는 과정에서 집필자의 가치 판단이 개입될 수밖에 없는데, 국가가 한 가지 사상으로 역사교육을 하려 한다면 전체주의 국가나 다름없다는 것이 한국사 교과서의 국정화 조치에 반대했던 가장 중요한 이유다.

이처럼 역사 교과서나 교육과정이 논란이 되는 것은 역사 연구자들이나 현장에서 역사를 가르치는 교사들이 학교 교육의 획일성을 우려하기 때문이다. 각 개인의 정치적 성향이나 역사적 관점이 같지 않은 것은 당연하다. 그런데 교실에서 하나의 교과서, 특정 정치 성향이나 특정한 역사관만 강조하면 다른 생각을 가진 사람과 충돌하고, 그렇게 되면 교육자가 상당히 혼란스럽다. 더욱이 학생들이 살아갈 미래는 변화 가능성이 많다. 따라서 학생들에게 사회 변화 속에서 스스로 판단할 수 있는 역량을 키워 줘야 할 것이다. 하지만 한 가지 역사 사상으로 무장하면 다변화하는 세상에서 살아가는 데 힘들 수밖에 없다.

교육자는 자신의 정치 성향, 역사관이 학생에게 주입되지 않도록 늘 주의해야 한다. 특정한 정치 성향을 가지고 역사, 특히 근현대사를 해석하면 역사가 정쟁의 수단으로 전락하고 국론 분열의 원인이 될 수 있다. 정치가나 정당은 추구하는 목적이나 대변하는 계층에 따라 정치 성향이 뚜렷해진다. 지지 세력의 의견을 반영하다 보면 그 색깔은 더욱 강해진다. 언론 역시 유사한 경향을 보여, 정치 성향을 두드러지게 나타내는 경우가 많다. 유튜브 콘텐츠는 더 심하다. 이념에 따라 성향이 더 뚜렷하게 갈라진다. 교사나 부모도 어떤 특정 성향을 가질 수 있다. 하지만 그런 성향을 학생이나 자녀에게 강요하는 것은 문제가 될 수 있다. 학생이 살아갈 사회는 교사나 부모가 살아온 사회와 같지 않다는 점을 이해해야 한다.

단일 민족의 후손임을 자랑스럽게 생각하고 반공을 국시로 하는 국사교육이 당연한 시절이 있었다. 1968년 1·21사태 이후 고등학생들도 교련복을 입고 1주에 2시간씩 교련 시간에 총검술, 각개전투, 화생방술, 군사 훈련을 받은 바 있다. 그러나 시대가 변하면서 1994년 군사 훈련이 폐지되고 응급처치, 안보, 인성교육으로 대체되었다가 2014년 교련 과목은 완전히 폐지되었다. 또 한때 국사는 국민윤리와 함께 공통 필수 교과여서 교과서도 국정으로 제작되어 획일적인 역사관을 주입하는 교육을 했다. 그러나 7차 교육과정부터 국사가 수능 선택 과목이 되었다.

2010년부터는 국사가 한국사로 명칭이 바뀌고 교과서 검인정 체제로 변화했다. 2015년 교과서 국정화 사태가 벌어진 뒤 2017년에 다시 검인정 체제로 돌아왔다. 이렇게 한국 근현대사 교육을 둘러싼 논란이 학교 현장에 큰 어려움을 주었다. 이제는 이로 인해 학생들이 역사교육 특히 한국사 교육에서 갈등을 겪지 않도록 해야 한다. 미래 사회에는 다양한 문화를 포용하는 사람, 주체적이고 능동적으로 살아갈 사람이 요구된다. 따라서 역사 교사도 이런 점을 유념해야 한다.

민주적인 태도로 교육하라

역사교육은 도제식·주입식 교육이 되면 안 된다. 교육자가 권위적인 태도로 임하면 학생은 다양한 사고를 펼치기 어렵다. 학생과의 대화나 토론이 역사교육의 중심이 되어야 한다. 학생이 자기 생각을 표현할 수 있는 환경을 마련해 줘야 한다. 선생님이 자기 생각을 너무 강조하면 학생은 선생님과 생각이 다르더라도 제대로 표현할 수 없다.

다양한 관점을 접할 수 있도록 하라

역사 교사는 같은 주제에 관해서도 학생들이 다양한 견해를 접할 수 있도록 도와줘야 한다. 역사학습에서는 과거 사람들의 삶과 시대상을 파악하면서 역사적 사고력을 육성하는 것이 아주 중요하다. 역사가는 과거 사람들의 삶을 구성하기 위해 문헌 자료나 다양한 역사 자료를 비판적으로 탐구한다. 자료를 남긴 사람의 특정 견해가 반영되거나 사실과 다르게 왜곡하여 기록되었을 가능성도 있다. 따라서 사료가 역사적 진실이라고 장담할 수는 없다.

역사적 사고력은 학생이 역사 자료를 역사가처럼 보도록 하는 것이다. 즉, 역사 해석의 다양한 관점이 있을 수 있다는 것을 알게 하는 것이다. 역사 사료의 비판 과정을 통해 사료의 진위와 실제 의미를 분석하고, 이를 종합해서 역사적 사실을 추론한다. 역사는 항상 검증과 논쟁을 동반하는 학문이고 역사 해석에는 다양한 견해가 있을 수밖에 없다. 따라서 한 가지 관점을 정설로 가르치는 것은 위험하다.

다양한 사람의 생각을 접하는 과정에서 학생이 자연스럽게 역사의 쟁점을 이해하고 역사라는 과목의 성격을 파악할 수 있어야 한다.

그 과정에서 학생은 여러 견해를 이해하면서 자신의 가치관을 정립하고 논리적으로 풀어낼 역량을 갖출 기회를 얻는다. 이런 역량을 키운 학생은 사회에 나갔을 때 편견에 사로잡히지 않고 유연하게 대처하며 자신의 관점을 정립할 능력을 갖추게 된다.

비판적으로 사고하게 하라

❶ 역사는 승자의 기록

역사는 "승자의 기록이다."라는 말을 기억해야 한다. "패자는 말이 없다."라는 말도 있다. 일단 사라지면 발언할 기회가 주어지지 않고, 승리한 자는 자기 중심으로 역사를 쓸 수밖에 없다. 그래서 승리한 지배자의 관점에서 기록된 역사는 언제나 패배자를 악하고 나쁘게 묘사한다. 그렇지 않으면 패배할 수밖에 없었던 이유를 기록한다.

❷ 의자왕과 삼천 궁녀 이야기

삼국 시대를 예로 들어 보자. 백제의 의자왕은 주색과 여색에 빠진 방탕한 왕으로 기록되어 있고, 백제가 망하자 사비성의 삼천 궁녀가 낙화암에서 떨어져 죽었다는 이야기가 널리 알려져 있다. 그런데 이 이야기는 엄밀히 따져 보면 근거도 없고 개연성과 현실성도 없다. 백제의 멸망, 의자왕의 시대로 돌아가서, 도대체 왜 이런 평가가 나왔는지 따져 볼 필요가 있다.

　의자왕과 관련된 사건의 가장 중요한 자료는 『삼국사기三國史記』와 『삼국유사三國遺事』다. 『삼국사기』 백제 본기 의자왕조 기록에 "백제가 패망하기 4년 전에 임금이 궁녀들을 데리고 음란과 향락에 빠져 술 마시기를 그치지 않았다."라는 내용이 있다. 『삼국사기』를 쓴 김부식金富軾은 대단히 도덕성을 중시했는지 임금이 궁녀들과 향락에 빠졌고 술을 즐겨 마셨다고 비판적으로 써 놓은 것이다.

　『삼국유사』에는 다음과 같은 기록이 있다. "「백제 고기」에 이르기를 부여성 북쪽 모서리에 큰 바위가 있는데, 바위 아래에서 강물이 만난다. 또 서로 전하여 내려오기를 의자왕과 여러 후궁이 화를 면하지 못할 것을 알고 서로 일컬어 말하기를 '차라리 자진할지언정 남의 손에 죽지 않겠다' 하여 서로 이끌고 이곳에 이르러 강에 몸을 던져 죽었으므로 속칭 '타사암'이라고 한다." 이것은 속설이 와전된 것이다. 군인들은 그곳에서 떨어져 죽었으나 의자왕은 당나라에서 죽었다고 당사唐史에 명백히 쓰여 있다.

　저자 일연一然은 「백제 고기」에 있는 내용이라고 언급하는데, 「백제 고기」에 나와 있는 내용은 의자왕과 여러 후궁이 거기서 떨어져 죽었다는 것뿐이다. 또 일연은 말하기를 "이것은 잘못된 생각이다. 왜냐하면 의자왕은 당나라에서 죽었다는 것을 이미 알고 있는데, 어떻게 이런 기록이 있는가."라고 하면서 궁인들이 떨어져 죽었다는 것은 사실로 이야기한다.

『삼국사기』와 『삼국유사』의 기록을 종합해 보면, 의자왕은 패망하기 전에 음란과 향락에 빠져 궁녀들을 데리고 술 마시기를 좋아했다. 망할 때가 되니 의자왕과 여러 후궁이 떨어져 죽었다. 그런데 『삼국유사』에서는 의자왕이 실제로 당에서 죽었으니 "이 부분은 잘못된 것이다."라고 기록했다. 『삼국사기』와 『삼국유사』 모두 의자왕을 부정적으로 평가했다.

『삼국사기』와 『삼국유사』는 고려 시대 때 쓴 기록이다. 따라서 삼국을 통일한 신라 입장에서 쓴 기록에 토대를 두고 알게 모르게 김부식과 일연의 생각이 들어간 것이다. 하지만 고려 시대의 자료들에 백제 의자왕이 말년에 후궁이나 궁녀들과 주색잡기로 시간을 보냈다는 부정적 표현은 있지만 삼천 궁녀라는 말은 존재하지 않는다. 그런데 이러한 부정적 평가가 근거가 되어 조선 시대 문인들의 시에 삼천 궁녀가 등장한다. 조선 초 『속동문선續東文選』 제5권에 '삼천 궁녀 모래에 몸을 맡겼다'는 내용이 나오는데 그것이 고려 시대의 기록과 연계되면서 삼천 궁녀가 떨어져 죽었다는 이야기가 만들어진 것이다.

사실 삼천 궁녀 이야기는 역사적 근거도 없는 가짜 뉴스인 셈이다. 해당 이야기의 진위를 판별하기 위해 합리적 추론을 해 볼 수는 있을 것이다. 부여의 낙화암에 가서 아래 강을 내려다보면, 거기서 사람이 떨어져 죽을 수는 있겠지만 삼천 명이나 떨어질 수는 없음을 확인할 수 있다. 그러니 삼천 궁녀가 떨어져 죽었다는 주장은 합리적으로도 맞지 않는다. 결국 어떤 역사 기록이 아무리 일반화된 지식이라 하더라도 근거가 없고 개연성도 없다면 의도를 가지고 만들어 낸 이야기일 가능성이 있다. 역사적 사건을 학습할 때는 항상 비판적으로 사고해야 한다.

❸ 공민왕에 대한 평가

공민왕恭愍王 이야기의 경우를 보자. 공민왕이 고려 말에 굉장한 개혁 정치를 했는데도 불구하고, 『고려사高麗史』에는 공민왕이 말년에 노국공주가 죽은 후 신돈辛旽에게 정치를 맡기고 완악한 무뢰배들을 가까이해 음탕하고 더러운 짓을 함부로 했으며 패륜적 행동을 일삼았으니 죽음을 피하기 어려웠다고 되어 있다. 결국 공민왕은 궁정에서 암살된 것으로 나온다.

이것도 결국 『고려사』가 조선 시대에 쓴 자료이니 고려 말에 "왕이 도덕적으로 타락해서 망할 수밖에 없었다."라며 은연중에 조선 왕조의 성립을 정당화하는 시대적 분위기가 반영되어 있음을 알 수 있다. 그래서 남아 있는 사료를 보면 백제 의자왕과 고려의 공민왕은 사생활이 방탕한 것으로 묘사되고, 고려를 창건한 왕건이나 조선을 창건한 이성계는 상대적으로 도덕적이고 인품이 좋은 사람으로 그려져 있다.

사료가 대부분 승자의 기록이라는 점을 고려하지 않는다면 학생들은 의자왕은 나쁜 사람, 왕건과 이성계는 좋은 사람이라고 이분

법적으로 평가할 가능성이 높다. 그런데 이런 평가는 역사적 사실과도 맞지 않고 역사적 사고에도 맞지 않다.

❹ 유럽 중심주의적 세계사의 문제, 지리상의 '발견' 신대륙

세계사에서도 깊이 생각해야 할 소재가 많다. 한때 우리나라 세계사 교육이 유럽 중심주의적 관점에서 이루어졌다는 비판이 있었다. 우리는 16세기 이후 서세동점이 이루어졌다고 한다. 유럽 열강이 제국주의적 팽창으로 아시아와 아프리카를 식민 지배한 것은 역사적 사실이다. 하지만 일부 역사서는 그 사실을 지나치게 강조하여, 유럽인들의 침략을 모험, 탐험 등의 표현으로 긍정적으로 묘사하고 유럽이 아시아나 아프리카에 비해 월등한 것처럼 묘사하기도 했다. 물론 드러내 놓지는 않았지만, 그런 관점에서 세계사를 서술한 교과서로 배우면서 그동안 유럽 문명과 서양 문명을 은연중 그렇게 인식해 왔다. 16세기 '지리상의 발견' 또는 '신대륙' 같은 용어도 세계사 교과서에 그대로 실렸다. 지리상의 발견이란 크리스토퍼 콜럼버스Christopher Columbus나 당시 탐험가들이 아메리카 대륙을 발견한 것을 말한다. 그리고 그들이 발견한 땅을 신대륙, 새로운 땅이라 불렀다.

유럽인에게는 새로운 땅이지만, 우리가 아는 바와 같이 아메리카 대륙에는 원주민들이 살고 있었다. 그들 나름대로 문명을 꾸리고 있었는데, 유럽 사람들이 오면서 현지 문명은 정복당하고 몰락했다. 모두 지리상의 발견이 초래한 변화였다. 유럽 사람 입장에서는 발견이지만, 토착민 입장에서는 너무나 비참한 종말을 맞이한 셈이다. 엄연히 원주민들이 살고 있었는데, 아무도 살지 않는 무주공산처럼 "신대륙, 새 땅이다."라고 부르던 이런 용어들은 다행히 이제는 세계사 교과서에서 사라졌다.

❺ '인디언', '콜럼버스의 날'에 대한 재평가

그러나 세계사 교과서나 일상적 용어에서 유럽 중심적 표현들은 여전히 남아 있다. 예를 들어, 아메리카 원주민을 지칭하는 '인디언'과 '콜럼버스의 날'이라는 말이 있다. 인디언은 '인도 사람'이라는 뜻이다. 인디언이라는 단어는 콜럼버스가 아메리카 대륙에 상륙하고 나서 인도에 도착했다고 착각해서 만들어진 것이다. 원래 콜럼버스는 인도에 가려고 했다. 당시에는 지구가 둥글다는 인식이 약했기 때문에 그는 자신이 상륙한 아메리카를 인도로 알았고, 원주민을 인도에서 만난 사람이라며 스페인어로 '인디오'라고 불렀는데, 거기서 영어 단어 'Indian'이 나왔다. 지금도 아메리카에 살던 사람들을 인디언이라고 칭한다.

인도 사람도 아닌데 인디언이라고 부르는 것은 맞지 않다. 그래서 미국에서는 앞에 아메리카를 붙여 '아메리칸 인디언American Indian'이라는 말이 대중화되고 법률 용어로까지 정착되었다. 더 나아가 '아메리칸 인디언'이라는 용어를 더 이상 쓰지 말고 '아메리카 원주민Native American'으로 부르자는 의견도 있지만, 그것도 찬반양론이 있

12장 역사, 이렇게 교육하자 169

다. 여론 조사 결과 아메리칸 인디언보다 오히려 아메리카 원주민이 더 이상하다는 의견이 더 많았다.

이처럼 과거에 잘 모른 채 붙인 이름이 오랫동안 대중적으로 일상화되면 뒤늦게 고치는 것이 쉽지 않다. 인식하지 못하던 것도 역사적 사실과 그 배경을 알고 나면 비판적으로 보인다.

한편 '콜럼버스 데이', 즉 '콜럼버스의 날'이 최근 미국이나 중남미 국가들에서 논란이 되고 있다. 콜럼버스 데이는 1492년 10월 12일, 콜럼버스가 아메리카 대륙에 도착한 날을 기념하기 위해 제정되었다. 아메리카 대륙 대부분의 나라에서 해마다 기념하고 있다. 미국은 10월 둘째 주 월요일을 콜럼버스 데이로 정했다.

하지만 당시 아메리카에 살던 원주민 입장에서는 그날을 기념할 수 없을 것이다. 결과적으로 그날은 '굴러온 돌이 박힌 돌을 빼는' 역사의 비극이 시작된 날이기 때문이다. 미국이나 중남미 도시들에서는 콜럼버스의 동상을 철거하기도 하고, '원주민의 날'로 바꾸어 기념하기도 한다. 이렇게 당연시되던 개념이나 용어도 시대가 변하면서 재평가되고 변화를 맞고 있다.

역사 교과서는 종교 경전이 아니다. 믿는 사람에게 종교 경전은 절대적 가치를 담고 있다. 그러나 역사에 대한 평가는 역사관에 따라, 시대에 따라 달리 해석될 여지가 많다. 역사 교과서는 그중 어느 시대 주류의 해석이 반영될 수밖에 없다. 그런데 역사 교과서의 내용을 마치 종교 경전처럼 신봉하면 다른 해석들과 충돌하면서 논란이 일 수 있다. 앞에서 얘기한 '지리상의 발견'이나 '아메리카 인디언', '콜럼버스 데이' 등의 개념처럼, 한때는 당연하게 받아들였으나 시대가 바뀌고 다른 평가가 등장하면서 폐기될 수도 있는 것이다.

어린 학생은 학교 수업에서 배운 교과서 내용을 모두 옳고 정확한 사실로 인식하는 경향이 있다. 따라서 교사나 부모는 그러한 생각을 바로잡아 줄 필요가 있다. 물론 비판적으로 생각한다며 모든 것을 불신하거나 의심하는 것이 반드시 좋은 것은 아니다. 하지만 교과서 내용 역시 시대의 가치관이 반영되어 있기 때문에 새로운 연구가 나오면 언제든 평가가 바뀔 수 있다는 점을 항상 염두에 두어야 한다. 어떤 인물이나 사건에 대해 논란이 있을 때는 한 편의 주장을 일방적으로 지지하기보다 다양한 견해가 공존할 수 있음을 인정하고, 새로운 견해도 받아들일 여지가 있어야 한다. 따라서 교과서 내용에 대해서도 조금 열린 마음을 가지라고 지도할 필요가 있겠다.

학생이 스스로 탐구할 기회를 주라

역사적 사고력을 키우는 최고의 방법은 질문에 대해 학생이 스스로 탐구해 답하게 하는 것이다. 질문을 던지면서 어떤 정해진 답을 유도하거나 힌트를 주기보다 학생 스스로 답을 찾을 때까지 기다려 주는 인내심이 필요하다. 밥을 떠먹여 주듯이 지식을 주입식으로 전달하기보다 학생의 연구 욕구를 자극하고 스스로 답을 찾아가도록 훈련시키는 것이 좋다. 특히 요즘에는 어떤 탐구 과제든 마음만 먹으면 스마트폰이나 컴퓨터를 통해 얼마든지 다양한 자료를 스스로 찾아볼 수 있다. 이러한 탐구 과정을 거쳐 결과를 잘 정리해서 발표하다 보면 역사적 탐구력이 길러진다.

    예를 들어, 산업 혁명은 영국에서 먼저 일어난 뒤 유럽 여러 나라로 이어졌다. 산업 혁명이 영국에서 일어났다는 것은 팩트이고 논란거리가 아니다. 그런데 왜 영국에서 먼저 일어났을까? 이런 질문을 던지는 것이다. 유럽 나라 중에서 특별히 영국이 산업 혁명을 주도한 역사적 배경에 대해 자료를 찾고 종합하고 판단하는 과정에서 학생들은 합리적 판단과 비판 등을 통해 자연스럽게 역사적 사고력을 키울 수 있다. 산업 혁명 발생 전 17세기 영국이 처한 상황을 알아보고 영국이 산업 혁명의 선두 주자로 나서는 과정을 탐구하면서, 어떤 역사적 성취에는 그것을 가능하게 하는 원인이 있다는 것을 이해하게 된다.

학부모들에게

역사 지식이 많을수록 역사공부를 잘한다고 생각하지 않게 하라

역사학습이 암기력에 따라 좌우된다고 생각하는 것이 문제다. 학교급이 높아질수록, 초등에서 중등, 고등으로 올라갈수록 역사 교과에서 깊은 사고력이 성취도 판단 기준이 된다. 사고력을 키우려면 문해력과 합리적 판단력이 요구된다. 따라서 다양한 자료를 접하고 토론하고 자기 생각을 표현하는 역량을 키울 수 있도록 지도해야 한다.

현대 관점에서 과거를 평가하지 않도록 유의하라

인간은 누구나 자기가 살아가는 시대의 세계관이나 가치관을 벗어날 수 없다. 우리는 현대 사회에서 형성된 가치관의 영향을 받으며 살아가고 있다. 특히 어린 학생은 현대 관점에서 과거 인물을 평가하는 경향이 아주 강하다. 그럴 때는 사고방식이 잘못되었다고 지적하기보다 왜 그렇게 평가했는지 물어 시대 상황을 다시 생각해 볼 기회를 주는 것이 좋다.

삶 속에서 늘 역사를 접할 수 있도록 하라

역사를 잘 가르치는 방법은 역사를 좋아하게 만드는 것이다. 교실이나 학원에서 하는 공부뿐 아니라 일상생활에서 다양하게 접해 역사를 친근하게 느낄 수 있는 기회를 제공해야 한다. 다양한 체험 프로그램이나 답사 여행, 또는 문학 작품이나 영화 등을 접하는 것도 좋은 방법이다. 뉴스를 시청하다가 우리나라나 세계에서 현재 화두가 되고 있는 사건이 나오면 역사적 배경을 생각해 보고 관련 자료를 찾아보는 등 생활 속에서 자연스럽게 호기심을 느끼도록 자녀를 지도하는 것이 좋다.

　지금까지 역사를 가르치는 교육자나 부모가 주의할 사항에 대해 알아보았다. 역사는 지구상에 인류가 등장한 이래 치열하게 살아온 우리 인간들의 삶의 자취이자 기록이며, 현재는 앞 세대 사람들의 노력과 성취의 결과다.

21세기 세계화 시대를 살아가는 학생들의 삶의 환경은 끊임없이 변하고 있고, 앞으로 더 많이 변할 것이다. 다양한 문화와 가치가 공존하는 현대를 잘 살아가려면 한국사와 세계사에 대한 균형 잡힌 이해가 필요하다. 아이들이 삶 속에서 역사를 가까이하고 비판적으로 사고하는 능력을 키우기 위해 역사교육에서 교사나 학부모의 역할이 그 어느 때보다 중요한 시점이다.

역사, 무엇이든 물어보세요

Q **역사를 배우면 어떤 점이 좋은가요?**

A 우선, 역사는 인간과 자신의 소중함에 대해 가르쳐 준다. 교사들은 흔히 학생들에게 '모든 인간은 존엄하고 소중하다'고 가르친다. 인간이 역사 속에서 성취한 업적들을 알게 된다면 학생들은 인간의 존엄함과 고귀함에 대해 더욱 이해하기 쉬울 것이다. 역사는 인간이 어떻게 지구상에서 수많은 역경과 어려움을 딛고 사회를 구성하고 질서를 만들고 자연과학 법칙을 발견하고 번영과 성장을 이루어 왔는지 알려 준다. 이런 것들을 학습한 학생들은 인간과 자기 자신이 얼마나 소중한지 깨닫고 앞으로 인류를 위해 무엇을 할지 자연스럽게 생각해 보게 된다.

둘째, 역사는 자신이 속한 국가가 걸어온 길에 대해 알게 해 주면서 자부심과 교훈을 준다. 우리나라의 역사는 여러 아픔과 굴곡을 가지고 있다. 삼국 시대부터 겪어 온 중국의 침략, 임진왜란, 일제강점기, 6·25전쟁과 분단 등에 대해 배우면서 학생들은 아픔을 극복해 온 선조들의 모습을 알게 된다. 역경에 제대로 대처하지 못한 부분도 있지만, 대체로 최선을 다해 고난에 맞선 역사의 순간들을 배우면 우리나라에 자부심을 느끼게 된다. 이것은 자신의 현재 삶에도 영향을 미친다. 국가가 이런 위기에 잘 대처하면서 오늘날까지 이어져 온 것을 교훈 삼아, 자신도 힘을 내고 발전을 이루겠다는 마음을 갖게 된다.

셋째, 건강한 자아 정체성 형성에 도움이 된다. 히틀러는 20세기 초 제1차 세계 대전에서 패해 독일 경제가 파탄 나고 좌파와 우파로 분열되는 정치적 혼란으로 국가가 붕괴 위험에 처했을 때 등장해 독일의 경제를 재건하고 사회 질서를 회복했다. 그러나 독재자가 되어 사악한 인종주의를 신봉해 유대인들을 대량 학살하고 이웃 나라들을 침략해 제2차 세계 대전을 일으킴으로써 세계를 전쟁의 소용돌이로 몰아넣었다. 결국 연합군의 반격으로 독일은 패전하고, 히틀러는 자살했으며, 살아남은 나치 체제의 지도자와 군 수뇌부는 전범으로서 처벌받았다. 단기간에 국가 경제를 재건해 국익에 부합한 듯했으나, 반인류적인 인종주의 이론으로 무장하고 독재를 통해 세계를 전쟁으로 이끈 히틀러와 나치 체제의 몰락을 통해 학생들은 지도자의 중요성을 다시 한번 깨닫고 국가 시도자를 잘못 세우면 국민이 얼마나 혹독한 대가를 치르는지 교훈을 얻게 된다. 더 나아가 주위를 둘러보고 자기 자신을 성찰하면서 내면을 들여다보게 된다. 이러한 과정을 통해 국가 공동체의 일원으로서 자신이 가진 부정적 요소는 무엇인지, 더욱 길러야 할 긍정적 성품은 무엇인지 생각해 보게 된다. 이런 과정이 반복되면 학생들은 자신에 대해 더욱 잘 알게 되고 건강한 자아 정체성을 형성하게 된다.

Q '역사 = 한국사'가 맞는 말인가요?

A 우리나라에서는 역사와 한국사를 동일시하는 경향이 있다. '역사교육의 정상화'라는 기치를 내걸고 박근혜 정부가 역사 교과서 국정화를 시도하다가 반대에 부딪히기도 했다. 국정화에 반대했던 '역사교육 정상화를 위한 시민연대'도 같은 우를 범했다. 역사는 한국사가 아니다. 역사란 자국사(한국사)와 외국사(세계사) 모두를 아우르는 개념으로, 선사 시대부터 현재까지 인류가 걸어온 과거에 대한 모든 삶의 내용을 말한다. 그리고 학교에서의 역사는 인류가 살아온 과거의 다양한 모습을 폭넓게 이해함으로써 현재를 성찰하고 미래를 조망하는 능력을 기르는 과목이다.

Q 역사가 오늘날 우리에게 왜 중요한가요?

A 개인이나 가정, 사회나 국가 모두 오늘의 모습이 갑자기 생긴 것은 아니다. 오늘은 어제, 그리고 과거 우리의 삶의 결과다. 인간 사회는 과거, 현재, 미래라는 시간의 흐름 속에서 연결되어 있다.

　우리나라 헌법 제1조에는 "대한민국은 민주 공화국이다.

역사, 무엇이든 물어보세요

대한민국의 주권은 국민에게 있다."라고 명시되어 있다. 우리나라의 정체성을 천명한 것이다.

우선, 대한민국이라는 국호와 정체는 1919년 4월 11일 대한민국 임시 정부의 임시 의정원이 제정한 대한민국 임시 헌장 제1조 "대한민국은 민주 공화제로 함."에서 기원했다. 1910년 대한 제국 황제 순종이 대한 제국의 주권을 일본 제국에 양도한 행위(한일 병합 조약)는 무효이며, 포기한 주권은 대한 제국 황제가 아니라 대한민국의 국민에게로 승계되었다는 정신을 선언한 것이다.

여기서 '민주 공화제' 또는 '민주 공화국'이라는 개념은 고대 그리스와 로마에서 등장했다. 민주정(영어 democracy, 그리스어 demokratia)은 그리스어 demos와 kratia의 합성어로 '데모스(민중)의 통치'를 말한다. 국민의 다수를 차지하는 데모스가 국가의 중요 정책에 대한 결정권을 가진다는 것이고, 그것은 투표를 통해 다수결로 표현되었다. 한편, 왕정을 타도하고 등장한 (로마) 공화정 Republic, Res Publica 은 '공공의 재산', '인민의 것'이라는 뜻으로, 국가는 1인의 왕정, 소수의 귀족정이 아니라 인민의 재산이라는 의미다. 이처럼 서양 고대 그리스인과 로마인들은 민중, 인민이 국가의 주인임을 천명함으로써 오늘날 민주 정치와 공화 정치의 토대를 마련했다.

일제강점기에 독립운동을 한 독립운동가들은 일본 '천황'에게 나라를 바친 대한 제국 황제 순종의 행위의 불법성을 강조하면서 독립된 조국의 국체를 대한 제국으로의 복귀가 아니라 대한민국으로 선언하고 국민이 주인이 되는 민주 공화국임을 제창했다. 1945년 해방 후 3년간 미군정기 좌우익의 분열과 대립 속에서 1948년에 제헌 의회가 헌법을 제정하면서 명실상부하게 대한민국은 민주 공화국으로 등장해 오늘에 이른 것이다.

이처럼 과거 그리스·로마의 역사에서 태동한 민주정과 공화정은 근대 서양의 정치 체제로 계승되었고, 일제의 압제에서 해방된 뒤 우리는 공화정을 국체로 하는 대한민국을 건설한 것이다. 역사는 과거의 일이지만 그중에서 유의미한 사건이나 사상, 제도는 현대를 살아가는 우리에게까지 영향을 미친다는 점에서 의미 있다. 따라서 역사를 이해하는 것은 매우 중요하다.

Q 역사 교과서의 내용은 어떻게 결정하나요?

A 중등학교에서 사용하는 역사 교과서로는 중학 역사 1(세계사), 중학 역사 2(한국사), 고등 한국사, 고등 세계사, 고등 동아시아사가 있다. 역사 교과서의 내용은 교과서 집필의 준거가 되는, 교육부가 고시하는 역사 교육과정에 따른다. 각 출판사는 해당 역사를 전공한 대학 교수와 중등학교 교사로 집필진을 구성해 교과서 집필을 의뢰하고, 집필자들과 출판사의 편집부원들이 회의를 통해 집필할 내용을 서로 토론하면서 교과서를 완성한다. 집필자들이 만든 완성

본을 교육과정평가원에 제출해 교과서검정심의회의 심사를 거쳐 통과하면 역사 교과서로 확정된다. 중등학교에서는 교사들을 중심으로 회의를 거쳐 어떤 출판사의 교과서를 채택할지 결정해 해당 학기에 학생들의 수업 교재로 활용한다.

Q 역사 관련 프로그램에 나온 정보를 다 믿어도 될까요?

A 역사 관련 프로그램들은 대체로 흥행이나 시청률을 염두에 두고 재미있게 만들다 보니 역사적 사실이 아닌 내용들도 여과 없이 방송될 수 있다. 따라서 역사물 프로그램 제작자들은 방송 전에 전문가의 철저한 자문을 받을 필요가 있다. 시청자도 잘못된 정보가 있을 수 있음을 항상 유념하고, 방송된 모든 내용을 역사적 사실로 믿지는 말아야 한다. 특히 자신이 아는 지식과 다른 내용이 있으면 직접 확인해 보는 것이 좋다.

Q 역사 왜곡인가 아닌가 판단 기준은 무엇인가요?

A 역사 왜곡의 사전적 의미는 역사를 자신에게 유리하도록 해석하거나 거짓으로 지어 쓰는 일이다. 즉, 일어난 일을 일어나지 않았다거나 일어나지 않은 일을 일이났다고 주장하는 것이다. 극단적인 경우, 있는 기록을 폐기하거나 위서 혹은 가짜 유물 따위를 날조해 거짓된 근거를 만들어 내기도 한다. 역사 왜곡인가 아닌가의 기준은 주장하는 일에 대

한 근거가 정당한지 여부다. 근거가 되는 기록을 허위로 만든다든지, 자신에게 불리한 과거의 흔적을 지우기 위해 근거가 되는 자료를 없애면 역사 왜곡에 해당한다.

Q 역사는 외울 게 너무 많은데 어떻게 하면 잘 외울까요?

A 모든 역사적 사건의 연대나 내용을 다 암기할 필요는 없다. 모든 역사적 사건에는 원인과 결과가 있다. 중요한 역사적 사건의 인과와 흐름을 먼저 파악하는 것이 중요하다. 그리고 중요한 사건이 일어난 연대를 인과론을 생각하면서 외우고, 그 사건의 역사적 의의를 정리하면 잘 기억할 수 있다.

Q 역사 관련 책을 어떤 기준으로 선택해야 할까요?

A 저자의 경력과 전공 분야를 정확히 파악해야 한다. 역사 전공자가 아니면서 독자들의 흥미를 유발하기 위해 역사 관련 글을 쓰는 '인기' 작가가 많다. 책은 쉽게 읽히지만 전문성이 없어 잘못된 내용이 담길 수도 있다. 따라서 가급적이면 그 분야 역사를 전공한 저자의 책을 잘 선별하여 읽기를 권한다.

Q 역포자에게 도움이 되는 말씀을 해 주실 수 있나요?

A 역사에 흥미를 갖는 것이 중요하다. 부모가 학생과 함께 역사를 소재로 한 영화나 드라마, 예를 들면 〈올빼미〉, 〈천문〉,

〈한산〉, 〈광해, 왕이 된 남자〉, 〈글래디에이터〉 등을 (관람 연령에 맞게) 보는 것을 추천한다. 병자호란과 관련 있는 〈올빼미〉를 보면서 "인조는 왜 소현 세자를 미워했을까?", "소현 세자는 왜 청나라에 끌려갔을까?", "조선은 왜 후금에 속수무책으로 당했을까?" 등의 질문을 하고 인터넷을 통해 답을 찾아보는 것이다. 다만, 영화가 역사를 소재로 만들어졌다고 해서 과거에 일어난 일을 실제와 똑같이 묘사한 것은 아니다. 영화를 통해 역사에 흥미를 갖는 것은 좋지만, 늘 이 점을 염두에 두고 매체에 등장하는 역사는 비판적으로 받아들이는 것이 좋다.

 영화 속 내용에 대해 더 알고 싶으면 책을 함께 읽은 후 관련 박물관을 둘러보거나 답사 여행을 떠나 보기를 추천한다. 구석기 시대를 학습했다면 서울 암사동 선사 유적지나 경기도 연천군 전곡리 유적지, 혹은 충북 단양의 수양개 선사 유물 전시관과 고수 동굴로 여행을 떠나는 것도 역사와 친해지는 좋은 방법이다. 부모가 자녀와 함께 답사 여행을 떠나면 역사를 공부하고 여행도 하면서 가족 관계가 돈독해지고, 역포자에서 역사를 좋아하는 학생으로 바뀔 수 있다.

Q **역사공부에서 흐름 읽기가 정확히 무엇인가요?**

A 과거 사람들의 행동에는 다 그만한 이유가 있다. 왜 그렇게 했는지, 그래서 어떻게 됐는지 의문을 가지고 역사에 접근하면 암기가 아닌 이야기로 받아들일 수 있다. 앞서 언급했듯이 인과 관계를 중심으로 흐름을 잡아 가는 것이 역사를 효과적으로 학습하는 방법이다.

Q **역사공부를 잘하려면 반드시 한자를 잘 알아야 하나요? 한자 외에 역사공부에 도움이 되는 것은 무엇이 있나요?**

A 요즘은 한자를 잘 사용하지 않지만, 우리나라 인명, 지명, 역사적 사건이나 개념의 명칭, 사료 등이 대부분 한자이므로 한자를 알면 역사 지식을 이해하는 데 도움이 된다. 한편 과거 사건과 그 사건을 일으킨 인물, 그 지역의 발자취를 다루는 역사는 시사, 지리와 맞물려 있다. 그렇기 때문에 수많은 역사를 만나는 통로인 시사와 뉴스에 관심을 가져야 한다. 집 안에 대한민국 전도와 세계 지도를 붙여 놓는 것도 자녀의 역사교육에 큰 도움이 된다. 역사공부를 아무리 해도 지리를 모르면 개념부터 헷갈릴 수 있다. 지도 앱을 활용하는 것도 좋다. 지명과 위치를 모르는 아이에게 지명이 나올 때마다 지도에서 짚어 주면 유용하다.

Q 역사를 전공한 사람은 졸업 후에 어떤 일을 하나요?

A 중등학교 역사 교사

사범대학의 학부 과정 혹은 교육대학원 석사 과정을 통해 중등학교 2급 역사 정교사 자격증을 취득하면 중학교와 고등학교에서 역사 교사로 근무할 수 있다. 역사 교사는 학생들이 단순히 과거에 대한 지식을 접하는 차원을 넘어 역사를 통해 다양한 관점에서 사고하고 세상을 더 넓게 보며 통찰하는 사람으로 성장할 수 있도록 돕는다.

전문 역사 연구자

사범대학 역사교육과나 인문대학 (역)사학과(부)를 졸업하고 대학원 석·박사 과정에 진학해 전문 역사 연구자로 일할 수 있다. 먼저 대학원 석사 과정에 진학해 연구방법론을 습득하고, 관련 사료의 해독 능력을 기르며, 자신이 흥미 있는 시대, 영역, 주제를 탐색한다. 연구자로서 기본 소양을 갖추고 연구 영역을 발견하는 과정이라고 할 수 있다.

이후 대학원 박사 과정을 수료하고 박사 학위를 취득하면 대학의 강단에 서거나 연구소에서 연구원으로 근무하는 등 자신의 세부 전공 분야를 살려 전문 연구자가 될 수 있다.

학예사, 문화재 해설사

학예사, 문화재 해설사는 각급 박물관 전시나 기획 등을 전문적으로 수행하는 학예 종사자를 말한다. 관람객들이 유물에 관한 전문 지식은 물론 전시 의도를 잘 파악할 수 있도록 전시를 기획·안내한다.

박물관 학예사는 박물관에서 보관하고 있는 각종 유물과 표본, 사료, 문헌을 수집, 정리, 보존하고 전시회를 개최하며 유물, 유적, 발굴 조사에 참여한다.

Q 역사를 좋아하는 사람이 사학과나 역사교육과를 가도 되나요?

A 역사를 좋아하는 사람이 사학과나 역사교육과에 가면 공부에 더 적극적일 수 있다. 그러나 역사를 좋아한다고 해서 꼭 사학과나 역사교육과를 가야 하는 것은 아니다. 본인의 재능이나 희망 직업이 다른 분야와 관련된 경우는 그 분야로 대학을 가는 게 더 좋다. 역사공부는 자신이 무엇을 전공하든지, 어떤 직업을 가지든지 평생 즐겁게 개인적으로 할 수도 있기 때문이다.

Q 역사를 가르치는 사람이 되려면 어떻게 해야 하나요?

A 중등학교에서 역사를 가르치는 일, 즉 교사가 되고자 하는 학생은 사범대학 역사교육과에 진학해 4년 동안 공부하면서 교직 과목과 교생 실습 등을 이수해 2급 정교자 자격증을 딴다. 국공립 학교 교사가 되기 위해서는 임용 고사에 합격해야 한다. 사립 학교 교사가 되고자 하는 사람은 임용 고사를 보지 않아도 되지만, 학교 자체적으로 실시하는 신

임 교사 선발 시험에 합격해야 한다. 대학에서 역사 교수가 되어 학생을 가르치고자 하는 사람은 인문대학 사학과/역사학부를 졸업하고 대학원 석·박사 학위를 받아야 한다. 그리고 대학의 신임 교수 공채 공고에 응모해 합격하면 교수로 재직할 수 있다.

Q 중학교에서 2학년 때 세계사, 3학년 때 한국사를 배우는데, 두 과목 중 무엇을 먼저 공부해야 하나요?

A 교육과정에 따라 중학교 2학년 때 세계사, 3학년 때 한국사를 공부하는 게 좋다. 하지만 한국사에 관심이 많은 학생은 중학교 1학년 때 한국사를 미리 공부해 두는 것도 나쁘지 않다.

Q 세계사를 공부하려면 한국사를 미리 공부해야 하나요?

A 세계사 공부를 하기 위해 반드시 한국사를 미리 공부해야 하는 것은 아니다. 다만 한국 근현대사를 잘 이해하기 위해서는 세계사와 한국사를 함께 공부하는 것이 좋다.

Q 어떻게 하면 세계사를 효과적으로 학습할 수 있나요?

A 19세기 이전까지 다루는 전근대사는 동아시아, 인도·서아시아, 유럽·아메리카사 등 지역사별로 흐름을 정리하는 것이 좋다. 19세기 말부터 20세기에 이르는 근현대 시대는 어떻게 서세동점의 거대한 흐름이 제국주의 시대, 제1·2차

세계 대전을 통해 전 세계로 확산되고 어떤 영향을 끼쳤는지 정리하는 것이 좋다.

Q 초등학교, 중학교, 고등학교에서 배우는 역사 내용이 똑같나요?

A 한국사의 경우 초등학교에서는 인물사 중심으로, 중학교에서는 전근대사를 정치사 중심으로, 고등학교에서는 주로 근현대사를 문화사·외교사 중심으로 배운다. 세계사의 경우 중학교에서는 고대부터 19세기까지 교류사 중심으로, 고등학교에서는 시역사별로 차별화해서 역사 교육과정이 편성되어 있어 똑같은 것을 반복해서 학습하지는 않는다.

Q 대학수학능력시험 한국사는 왜 이렇게 어렵나요? 수능시험에서 고득점을 받을 수 있는 방법이 있나요?

A 한국사는 어렵고 피곤한 과목이라고 생각하는 학생이 많다. 아무래도 국어, 수학, 영어, 탐구 과목과의 중요도에서 밀려 학생들이 공부를 소홀히 하는 탓도 있고, 한국사라는 과목의 범위가 방대하고 암기할 것도 많아 학생들이 노력하지 않고 포기해 버리는 경향도 있다. 학생들의 의견을 조사한 결과 '한국사가 싫은 이유 1위'는 '암기해야 할 내용이 너무 많아서'다. 그러나 한국사는 단순한 암기 과목이 아니다. 한국사를 너무 어렵게 생각하지 말고, 자투리 시간을 활용해 한국사 책을 읽거나 강의를 듣는다면 마냥 어렵

지만은 않을 것이다. 시험 문제에 나올 만한 내용은 정해져 있다. 단원마다 핵심 사항을 체크해서 정리하고 요점을 집중적으로 공부하며, 이를 바탕으로 최근 것부터 기출 모의고사 문제를 풀어 보기를 권한다. 그렇게 공부하다 보면 시험 문제 자체는 달라도 핵심 주제가 반복된다는 사실을 깨닫고 시험을 준비하는 데 자신감이 생길 것이다.

Q 한국사 능력 검정시험을 혼자서도 준비할 수 있나요?

A 따로 공부 모임을 조직하거나 학원에 가지 않고, 시중에 나와 있는 한국사 능력 검정시험 관련 서적을 참고하여 혼자서도 시험 준비를 할 수 있다. 시험 관련 서적은 기본서와 기출문제집으로 나뉜다. 기본서와 기출문제집을 가지고 공부할 때, 인터넷에 올라와 있는 동영상 강의들을 참고하면 더 효율적으로 공부할 수 있다. 역사 지식을 많이 알고 있지 않으면 문제를 풀기 어렵다. 시간 순서에 따른 흐름 위에 역사적 사실들을 정확히 배열하는 방식으로 공부해 나간다면 고득점을 얻을 수 있을 것이다.

Q 한국사 능력 검정시험을 잘 보려면 어떻게 해야 할까요?

A 모든 시험이 마찬가지겠지만, 한국사 능력 검정시험을 잘 보려면 공부에 시간을 많이 쏟아야 한다. 목표 급수에 맞춰 좋은 한국사 개설서를 택해서 각 시대별 특징과 흐름을 꼼꼼히 정리하고 기출문제들을 여러 번 풀어 보는 것이 좋다.

그 과정에서 오답 노트를 만들고, 특히 잘 틀리는 시대를 다시 정리하는 식으로 전략적으로 공부하면 좋은 결과를 얻을 수 있을 것이다.

참고문헌

강선주. 2008.「역사교육의 목적과 초등학교 교사의 역사교육관」.『歷史教育』108: 39-71.
강선주. 2012.「역사교육과 박물관 역사 전시의 만남」.『역사교육연구』16: 7-35.
강선주. 2022a.『디지털 시대, 역사·박물관 교육』. 한울.
강선주. 2022b.「박물관의 감정적 전시, 방문객의 감정이입, 그리고 역사교육과 유산교육」.『歷史教育』161: 181-214.
교육부. 2015.『2015 개정 초·중등학교 교육과정 총론』(교육부 고시 제2015-80호).
교육부. 2022.『2022 개정 초·중등학교 교육과정 총론』(교육부 고시 제2022-33호).
국립중앙박물관. 2008.『어린이 박물관: 즐거운 역사 체험』. 웅진주니어.
김덕수. 2011.「중학 역사(상) 교과서에 나타난 그리스사와 로마사 서술의 몇 가지 문제」.『동국사학』51: 219-257.
김덕수. 2014.「대학수학능력시험의 '선택수능제'와 '교과편식'의 문제: 최근 10년 사회탐구 과목의 선택현황을 중심으로」.『교육연구와 실천』80: 1-20.
김덕수. 2017.「고등학교 세계사 교육과정 개정 현황과 쟁점: 6차 교육과정에서 2015 교육과정까지」.『歷史教育』141: 1-33.
김덕수 외. 2018.『고등학교 세계사』. 천재교육.
김덕수 외. 2021.『중학교 역사 1, 2』. 천재교육.
김민수. 2021.「고등학생의 동아시아사 소논문 쓰기 주제에 반영된 역사에 대한 관심」.『歷史教育』159: 53-91.
김민정 외. 2022.『역사교육 첫걸음』. 책과함께.
김영아. 2016.4.18.「교사의 꿈을 실현시켜나가는 저의 얘기 들어보실래요?」.『행복한 교육』(https://happyedu.moe.go.kr/happy/bbs/selectHappyNotice.do?bbsId=BBSMSTR_000000000231&nttId=2490).
로널드 웰즈 지음, 한인철 옮김. 1995.『역사』. 한국기독학생회출판부.
박부희. 2009.「초·중등 학생의 역사적 사고력 비교」. 부경대학교 석사 학위 논문.
방지원. 2006a.「감정이입적 이해에 따른 초·중·고등학교 역사수업 방안」.『학습자중심 교과교육연구』 6-1: 1-23.
방지원. 2006b. 「국사교육과정에서 '생활사-정치사-문화사' 계열화 기준의 형성과 적용」. 『사회과교육연구』 13-3: 93-122.
백은진. 2015. 「역사학습의 목적과 역사교사의 역사교육 목적에 대한 중고등학생들의 인식」. 『歷史敎育』 133: 1-40.
샘 와인버그 지음, 정종복·박선경 옮김. 2019. 『왜 역사를 배워야 할까?: 내 손안에 스마트폰이 있는데』. 휴머니스트.
양호환 편. 2011. 『한국 역사교육의 연구동향』. 책과함께.
양호환. 2012. 『역사교육의 입론과 구상』. 책과함께.
양호환. 2019. 「'계열성' 논의의 쟁점과 변질」. The SNU Journal of Education Research 28-1: 55-85.
양호환 외. 1997. 『역사교육의 이론과 방법』. 삼지원.
유경아. 2011. 「한국사·세계사 통합을 위한 역사교육 내용의 구성 연구」. 경북대학교 박사 학위 논문.
유홍준. 2023. 『아는 만큼 보인다: 한 권으로 읽는 나의 문화유산답사기』. 창비.
윤종필. 2016. 「역사에 흥미를 가진 학생들과 일반 학생들의 역사적 사고 양상 비교 연구」. 『역사교육연구』 25: 49-120.
이미미·홍선이. 2011. 「한국사능력검정시험 문항 풀이 과정 분석을 통한 역사 선다형 문항 개선 방향 탐색」. 『교육과정평가연구』 22-3: 251-278.
이연민. 2022. 『역사가 쉬워지는 답사여행』. 맘에드림.
이해영. 2018. 「학생들의 반응을 토대로 한 역사교육 목적 탐색」. 『역사와 담론』 85: 493-523.
정미라 외. 2022. 『고교학점제, 교육과정을 다시 디자인하다』. 맘에드림.
정선영 외. 2001. 『역사교육의 이해』. 삼지원.
주웅영. 2014. 「초등 사회과 역사탐구를 위한 질문 형성 활동의 특성」. 『사회과교육연구』 21-2: 81-95.
허승일. 2009. 『다시 역사란 무엇인가?』. 서울대학교출판문화원.